Un vécu de nombreux accidents mais vainqueur pour la gloire de Dieu

Pour contacter l'auteur: Abel SEMEXANT
Tel:+(509)
Email:

Conception graphique: Evens Mathieu Jean Louis
Belval
Tel:+(509) 3646-2998/ 43804541
Email: belval.bv@gmail.com

Un *VÉCU*
de **NOMBREUX ACCIDENTS**

mais **VAINQUEUR**

pour la **GLOIRE DE DIEU**

Un brin de mes vibrants témoignages
exprimant toutes mes gratitudes
envers lui.

SÉMEXANT ABEL, PASTEUR

Table des matières

Dédicace

Ce bouquin est dédié à une pléthore d'amis, mais surtout aux serviteurs et servantes de Dieu qui militent ardemment au champ du Seigneur. Ceux qui ont tant besoin de sèves brutes pour fructifier leur foi davantage en Christ et que les témoignages émis au travers de ce livre leur servent de fond.

Je ne voudrais pas épingler du nombre aucune figure, car ma haute courtoisie m'approche vers un nombre incalculable d'amis auxquels j'entretiens chaque jour. Mais que ce bouquin soit envers tous un exemple qui exprime la toute grandeur de Dieu en faveur d'un homme si meurtri des attaques d'accidents et qui est sorti vainqueur.

Merci!

Qu'il soit lu de tous.

Avertissement

———— ❀ ————

Chers lecteurs, vous allez pouvoir découvrir au travers de ce bouquin l'histoire d'un homme qui a su affronter un nombre imposant d'accidents. Celui qui s'expose tant de fois à la mort, frayant la vallée des ténèbres des perdus, mais esquivé à chaque instant grâce à l'intervention magistrale du ToutPuissant. Lui seul connait le but majeur de sa haute protection. Mais, il l'interprète comme une raison juste de ses témoignages, auxquels il se doit à gorge déployée de présenter à l'ex-cathedra, non seulement pour élever la suprématie divine, mais tout aussi bien de stimuler davantage la foi des serviteurs et servantes de Dieu. Ce bouquin charrie tous les faits épatants de sa vie et tout ce qui jalonne toute son histoire dès son enfance jusqu'à son demi -siècle accompli. Il tient de plus à y présenter ses opinions sur un tas d'épineux sujets qui vibrent l'âme humaine depuis toujours comme: l'existence de l'homme, son passage sur la terre, sa mission et son devenir. L'auteur y place de larges rubriques sur l'état piteux de son pays et le souhait projeté sur son devenir meilleur, tout en prodiguant de tendres messages d'unité, de conscience et d'amour au peuple, surtout aux grands commis de l'Etat qui y tiennent depuis la genèse de son histoire de pratiques frauduleuses et qui servent d'obstacles à son développement. Enfin, on y trouve, tout ce qui trame la vie de l'auteur, tout en restant optimiste quant à l'avenir heureux de son pays, s'appuyant sur le dessein de bonheur que Dieu s'y projette. Il se termine par trois vers qui expriment le fond du cœur de l'auteur en poésie pour rehausser l'amour de Dieu.

Que Dieu bénisse tous ceux et toutes celles qui puisent de meilleur à l'exploration de ce bouquin.

Introduction

Je ne suis pas encore témoin d'un être aussi exposé aux maux si cruciaux de la vie que moi, un damné à avoir vécu autant d'accidents qui ai enregistré dans mon répertoire un nombre farouche de sept. Le dernier le plus récent en date du 09 Novembre 2021, était si pire et inquiétant, les riverains observateurs ne voyaient où irais-je y rescaper. Mais, de justesse un puissant ange du Seigneur intervient et me retire de la mort, accompagné d'un gars en voiture.

Il reste bien vivant dans mon esprit la quantité de faits épatants de cet acabit qui ont frappé ma vie ce qui l'aurait inscrit aux annales des décédés, car, d'autres, par des incidents moins inférieurs aux miens ont laissé leur peau, en connaissant aujourd'hui l'histoire. Pourtant, moi, j'en suis le narrateur de mes propres aventures. Qui l'aurait cru, il n'est jamais aisé à quelqu'un de subir ces assauts sans essuyer un dommage quelconque comme cicatrice, à moi qui n'ai connu au travers de ces accidents : 1982, 1984, 1998, 2009,

2012, 2017, 2021 aucune fracture en outre, il ne garde tant somatique que psychique en moi aucune trace de ces tristes faits.

J'imagine que ceux d'autres touchés, dans un pays comme le nôtre, où la superstition bat son plein, un peuple si mystique, ils ont été en chemin en compagnie de leur prière satanique, pourtant emportés par le danger. Moi, à une vie si jalonnée d'histoire d'accidents, n'avais toujours que la parole sacrée au cœur, sauf qu'à chaque sortie, j'aie pu effectuer ma prière, invitant mon maitre à frayer route avec moi. Parfois, émotionnellement je pars oubliant tout ce qui pourrait me contraindre en chemin. Mais, lui qui tient sa promesse, ne manque jamais d'expédier son ange sur mes pas dangereux. Qui aurait me prouver le contraire de son existence si marquée pour moi. D'ailleurs, ma folle croyance dès mon enfance laisse entendre que le souffle de l'homme reste son produit. Il décide à sa guise à le garder à sa pleine volonté. Je comprends que son amour surpasse tout, car même les méchants en sont bénéficiaires, quand il laisse à tous de jouir la nature, le soleil et la pluie. Dieu ne mesure point les bienfaits de la nature à un groupe. Tout le monde y tire profit, quel est cet être suprême si merveilleux et miséricordieux envers tous ! Pour moi il a une place de choix, du fait que j'en sois le premier des humains à en jouir de toute sa grâce. Non seulement me protège sur le plan physique, mais inscrit en lettres indélébiles mon nom au livre divin où insèrent tous les élus.

Ce nouveau sujet est pour moi de vibrants témoignages, une biographie, un phénomène non trop aisé des humains, surtout sujets de faits pathétiques orchestrés contre son fragile corps. Il me prive de justes mots pour expliquer en langage clair les différentes interventions divines à chaque drôle incident qui affecte ma vie. Un langage ordinaire de l'homme ne suffirait pas, comme apôtre Paul, pourrais-je emprunter celui d'un ange pour expliquer toutes les magistrales interventions de Dieu qui m'esquive souvent de 16

la mort. Il m'aime encore, j'en ai en revanche envers lui nombre de gratitudes, mais l'important c'est ma vie consacrée sous serment à le suivre jusqu'à la mort. Heureusement ma famille ancrée à son service ne me conduirait point vers les idoles dans ma maladie enfin, c'est pourquoi je confirme mon salut.

Ce sujet retrace surtout les accidents qui ont sporadiquement produit sur ma vie, arrivant de différentes manières à mission spécifique de mettre un terme à mon innocente vie, tandis que je respire encore. Alors, j'en profite pour exprimer mes gratitudes au Seigneur, mais d'en parler aussi bien un peu d'autres points de taille sur la vie et la mort, et mon impression un peu de l'homme. J'invite chaque lecteur à tirer de mes témoignages l'évidence divine pour comprendre la manifestation de l'amour de Dieu chaque jour à son enfant.

Chapitre I

Mon premier accident

Ce fut en 1982 à Lascahobas où j'en suis grandi que survint sur la route reliant la deuxième section rurale à la ville mon premier accident. Un vendredi après- midi vers les deux heures PM, à ma sortie de classe, je pensais retrouver mon feu père Sémexant Charité au jardin. Un chauffeur très connu du quartier aussi pour l'instant défunt avait un trafic habitué, transport de produits en contrebande venant de la république Dominicaine, au travers du fleuve de l'Artibonite à ma zone de naissance appelée Juampas, portant les fronts baptismaux de la 2e section rurale. Bref, étant monté au nombre de cinq au véhicule qu'il conduisait vers ce lieu.

En pleine route, non trop loin de l'espace à atteindre sur les côtes du fleuve, j'en suis tombé au bord de la route, emporté par un léger sommeil, je suis jonché sur le sol, une fois tombé, un ami voisin appelé Jude Pothier a appelé soudain le chauffeur de son nom habitué « « Parenn » » Abel est tombé arrête donc, ce fut fait c'est bien moi qui suis aisément levé, sans essuyer sur mon corps de blessures en remontant le véhicule, sauf qu'il ne fut pas trop lucide à moi de déceler les justes raisons de l'incident. Les amis à bord me questionnaient là-dessus, je les répondais par des mots maladroits en sommes, ils me laissaient en repos juste le temps de retrouver le fleuve.

Ils m'y emmenaient pour baigner un peu, quelques temps après je me retrouvais à l'esprit clair pour les expliquer les causes de cet accident. Rien de mal n'est sorti en moi, pas même une légère blessure sur mon corps. On pensait m'enlever cadavre de la terre, pourtant j'en étais moi-même à remonter le véhicule. Combien se révèle-t-il une grâce imméritée de Dieu au travers d'un accident qui serait couté à ma vie, mais ne me laisse rien de cicatrices encore. Comment ne pas avoir pour dommage une fracture des os, aux pieds ou aux bras ? Il est de ma juste réflexion de comprendre que son ange ne manquait pas de m'accompagner, car à cet âge de 12 ans d'alors, j'étais déjà à ses pieds puisque mon enfance est marquée par de haute surveillance, quand appris par ma mère que les sorcières à cause de ma corpulence ont convoité ma vie. Heureusement, Dieu, au contraire qui en voulait à moi, me gardait sous leur vu. Elles ont frayé des trentaines d'années déjà la voie du tombeau, tandis je respire encore, je donne gloire à Dieu.

Ce premier accident reste gravé bien vivant dans mon esprit, après quarante ans, j'en suis le narrateur de ce fait malheureux. Au fil de cette histoire beaucoup ont laissé leur peau, surtout les vieux comme le chauffeur, mon père et d'autres jeunes de mon quartier. Quant à moi, en dépit d'autres faits analogues qui allaient jalonner mon histoire, je continue encore à louer le Seigneur. Tel est pour moi un premier témoignage qui authentifie sa majesté, et il n'est que pour moi un Dieu si responsable, tenant sa promesse à laquelle David son serviteur en tirait raison de dire que son ange se tient autour de ceux qui le craignent pour les arracher du danger (Psaumes 34 v 8). Je comprends au fil des temps les justes raisons auxquelles Dieu renouvelle sa compassion chaque matin envers l'homme, et le psalmiste objet de ses merveilles en témoigne.

Je comprends plus loin son amour au-delà de tout, quand sa miséricorde se manifeste envers les justes et les méchants par la parution du soleil et David pour sa part le confirme en ses

3

mots quand il dit que les cieux racontent la gloire de Dieu et la terre ses merveilles (Psaumes 130 v 5).

Un premier accident qui marquait ma vie d'histoire de malheurs qui serait si tôt me conduire au tombeau. Mais, dans mon adolescence, j'ai été couvert par mes parents adonnés au travail de Dieu et leur prière ne faisait autre que la protection de leurs huit enfants.

Un accident a toujours un coup fatal à l'homme, pourtant, il ne laissait sur mon corps rien de mauvais en dommage, c'était pour moi une première rubrique de louange au Seigneur qui me retirait de la mort, et je manifeste encore mes gratitudes envers lui. Ce qui provenait uniquement de ses protections, car j'ai jamais eu en contre un facteur de soutien contre le mal. Lui seul peut comme Dieu voler au secours des humains en face des malheurs. J'y mets enfin trois vers qui expriment tout mon cœur au dépend d'un Dieu qui garde ses promesses envers ses pairs qui manifeste son amour à tous autant que son contrat à la terre ne soit pas abrogée.

Qu'il en soit ainsi à chacun de vous.

Chapitre II

Mon deuxième accident

Deux ans ont séparé le premier accident enregistré dans ma vie au deuxième qui reste encore vivant dans ma mémoire, et dans ce chapitre j'en veux narrer sur ce drame mortel qui garde en moi un étonnement si accru, ou je ne peux saisir le sens de mon existence après 38 ans. J'ai été en classe de 5e secondaire d'alors à Mirebalais, où tous les week-ends je revenais de chez moi à Lascahobas pour m'approvisionner. C'est ainsi en Février 1984, tôt un lundi, j'en voulais regagner Mirebalais pour aller en classe. Mais, mon feu père attendu qui devait venir de Palissa de la convention annuelle de l'Eglise de Dieu de la Prophétie était de retour très tard, je devais attendre le lendemain.

Ainsi un chauffeur, le feu Theobrun très maladroit d'alors conduisait son camion sur lequel j'ai dû monter pour y aller. Etant réveillé sous le cri vif de mon père vers quatre heures m'accompagnant auprès de la route pour arrêter le chauffeur. Ce fut fait j'y montais sous le regard du Tout-Puissant après avoir reçu de lui les prières de bénédiction, mais les inquiétantes remarques me laissaient voir les manœuvres du chauffeur à chaque démarrage du moteur, en frappant la batterie.

Après l'avoir inspecté dans la caserne, comme c'était le cas d'alors par les soldats de l'armée d'Haïti. Il y faisait par la suite les mêmes manœuvres pour le démarrage du camion, à chaque arrêt le même scenario. Au pont de Lascahobas contrôlé par des VSN de même jusqu'à atteindre GrosRoche, là où l'incident allait produire. Le chauffeur dans sa maladresse ne put manœuvrer l'engin et le jeta au bord de la route, heureusement soutenu par un avocatier de la place. Moi qui y étais à haute distance avais pu sentir de mon saut la poussée d'une main invisible, laquelle m'esquivait une grosse pierre et me levait d'un bond de la terre pour me faire rebrousser chemin de ma maison.

Pour dire vrai non lucide, je me dépossédais et mes rencontres avec des amis laissaient de larmes aux yeux, mes paroles adroites pouvaient les déceler en moi un mal. Du nombre un frère de l'Eglise rencontré m'avait demandé les causes de mon corps mutilé et ensanglanté, je lui répondais par un animal qui m'avait jeté au bois. Ainsi que ma feue mère arrivée chez moi me questionnait là-dessus, mais je lui ai dit qu'il s'agissait d'un rêve auquel un véhicule m'avait frappé, ce qui d'un bond attirait les voisins, en me faisant un peu coucher pour retrouver mon sens si volé. Elle a vidé sur mon corps blessé un récipient d'eau dans son étonnement. Deux heures plus tard, soit 8 heures AM on m'emmenait dans un centre hospitalier du quartier, après une consultation j'avais pu saisir le sens de cet accident, en y voyant venir d'autres passagers du véhicule.

Il y avait eu deux frères condisciples venant de Baptiste qui m'avaient préalablement conseillé de descendre, étant regimbé j'allais payer le prix de la mort. Il n'est jamais bon d'être rebelle au conseil des autres. Eux, ils étaient les premiers à apporter les tragiques nouvelles des accidentés heureusement qui étaient peu. Il me brulait une semaine à la maison avant de reprendre ma santé pour retourner en classe.

Je ne pensais y sortir vivant vu l'endroit si dangereux de l'action. Mais, Dieu dans sa promesse selon l'expérience de protection de David confirme au Psaume 34 que le malheur atteint souvent le juste, mais l'Eternel l'en délivre toujours (v 20). C'est pertinemment vrai pour moi au courant des malheurs qui viennent à plusieurs reprises sous mes pas à mission de me détruire, Le Seigneur les repousse à chaque instant. Me voici encore en pleine vie, quoiqu'au regard d'un monde qui file de jour en jour ne donnant plus d'espoir d'un avenir heureux. Mais le Seigneur à raison de me garder encore

Il inspire en moi sa grâce de travailler davantage dans son champ immense qui sollicite de bras forts, où Christ le campait comme une moisson énorme qui a besoin d'ouvriers d'horizons divers pour son développement. Je juge qu'il ne soit autre que cette mission à laquelle me confie sa volonté, dans le cas contraire, je serais trop longtemps au comble de la mort par l'un des accidents touchés au courant de mon existence.

C'est à moi une espace largement ouverte aux témoignages qui évoquent spécialement la véracité des merveilles du Seigneur. Ma ville de résidence est insuffisante, je lui dois d'éparpiller vers d'autres endroits du pays et de

l'extérieur pour publier ses Hauts-faits, partageant aux autres peut-être subjugués sous le poids des angoisses l'authenticité de son amour et de leur assurer l'espoir de vivre.

Chapitre III

Mon troisième accident

que j'avais connu soit une distance de 25 ans. C'était à I y avait eu un grand écart entre le 2e accident au troisième Port-au-Prince en Novembre 1998, en venant à grande vitesse de la cité Soleil en vélo, à la fin d'une semaine de réveil effectuée sous l'auspice d'un feu pasteur appelé Kelly Adrien. J'y étais comme animateur, me passionnant du retour au bercail à un moment où l'insécurité évoluait timidement dans l'espace de Pelée au Cité Soleil. En laissant toutes les zones dangereuses à grande vitesse. C'est ainsi allongeant la route de Bon-Repos, j'avais pu percuter un géant homme qui jetait mon vélo ailleurs, un grand bruit se fit entendre et les riverains surtout les chrétiens de l'Eglise de Dieu de BonRepos a peine envoyés vinrent vers moi, un ami de Lascahobas me voyant à l'état blessé il m'avait conduit au voisinage de l'Eglise pour trouver un premier soin. Ensuite, à mon corps blessé sous de fortes douleurs je reprenais la route pour regagner mon logis.

A mon arrivée, ma femme étonnée me regardait a larmes aux yeux, mais glorifiant Dieu de m'avoir protégé en chemin, en dépit de tout. Dieu merci, il n'y avait pas de fractures des os en moi. Je comprenais combien marquer pour moi la grâce du Seigneur au troisième accident qui aurait couté à ma vie la nuit du 16 Novembre 1998. Les chrétiens de l'Eglise imbus de mon cas, venaient tous m'accompagner, m'apportant de quoi aux besoins et j'en étais satisfait de leur visite.

Qui aurait cru à un nouveau cas similaire prochainement, mais ma vie au plan de Dieu au creuset des accidents, allait essuyer d'autres plus graves. Ainsi, il allait produire un quatrième auquel j'aurai au prochain chapitre à vous entretenir.

Mais, je ne serais pas regret de ma mort issue du travail du Seigneur, et je penserais gagner le ciel, objet de ma rétribution pour son ministère auquel, j'ai eu de lui pleine vocation. Cependant, Il voulait prolonger ma vie, de plus gracié des mots de Paul sur les enfants obéissants à leurs parents, je ne connaitrais pas une mort précoce. Combien, ça ne ferait pas la gloire de Dieu d'aller si vite au tombeau. La parole du Seigneur qui ne ment pas, n'accepte à quiconque de partir prématurément au lieu du silence, en dépit du déclin systématique de l'espérance de vie humaine, il ne revient pas au Seigneur de signer la mort des jeunes et des adolescents qui n'est point une bénédiction, sachant que pour lui l'homme ne devrait pas mourir, se rappelant de ce qu'il prodiguait en conseil au couple édénique (Adam et Eve) sur le sort de la mort à tirer de l'arbre défendu.

J'étais déjà au chevet de Dieu, travaillant dans son ministère au matin de ma vie. Il me faisait gouter la vie conjugale quand mon deuxième enfant a déjà vu naitre, et il brule près de 24 ans d'existence aujourd'hui. Dieu pensait à leur vie misérable sous l'auspice de leur pauvre mère d'alors, il m'a permis de contempler un peu leur advenir, tandis que j'allais avoir trois autres, où je compte aujourd'hui cinq dans ma famille, l'ainée qui est une fille est entrée déjà au foyer depuis près de deux ans.

Je réalise que les efforts pour Christ n'ont jamais perdu, il m'a tout montré au travers de ces drôles aventures que j'enregistre tout au long de ma vie. A mesure que je m'active dans son champ je découvre de nouvelles grâces et protections sur ma famille et moi. Car, mes enfants n'ont jamais été redoublants en classe, au contraire ils occupent de bonnes places dans les différentes évaluations, même celui qui se réside aux Etats-Unis était dès son entrée en High school l'élève du mois, c'est une grâce du Seigneur d'avoir des enfants au quotient intellectuel développé.

Combien révèle la faveur divine de contempler sous mes yeux l'advenir heureux de mes enfants. En dépit de ma pauvre famille de laquelle j'ai pris naissance, Dieu impose ses bénédictions sur la deuxième génération, et ma mère avant son départ pour l'au-delà put voyager en avion pour les EtatsUnis grâce à la bénédiction de ses fils.

Quoique mon feu père n'eut pour sa part l'occasion d'y aller, mais, Dieu lui réserve une prestigieuse place dans sa demeure, car dit apôtre Paul que les souffrances du temps présent ne sauraient être comparées à la gloire à venir (Romains 8 v 18).

Chapitre IV

Mon quatrième accident

C e nouveau fait allait se produire de façon drôle, j'en ignorais comment y pensais-je ? Mais nous étions trois amis sur les ondes d'une station de radio de la ville, la seule d'alors à pouvoir émettre sur une fréquence 106.3 FM qui existe encore à Lascahobas. L'émission très écoutée de fonds baptismaux : « La Bible, la vraie boussole » présentée chaque lundi à compter de 5 heures PM. J'ai vu juste s'enfuir des nôtres un des trois amis. L'autre collègue et moi faisions de tout notre mieux possible pour le retrouver, mais impossible. Il invoquait de raisons banales de son retrait, nous poursuivions les deux l'émission. Cependant, des sujets épineux sur les sectes étaient au rendez-vous. Les gens initiés au franc-maçon inspiraient à nous attaquer au mal.

C'est ainsi que mon collègue était déjà aux aguets de ses attaques fétiches, l'appelant tardivement la nuit, mais sans fruit.

Poursuivant leurs attaques macabres, ils ont procédé aux cérémonies spiritistes évoquant au moment nos noms en vue de nous expédier des esprits méchants. Mais, un pasteur de la ville à l'assemblée où fréquentait l'un de nous l'a informé l'organisation de cette cérémonie, il a prié en notre faveur. En dépit de tout, un soir sa femme étonnée dans une faramineuse vision sur moi, en voyant mon départ en folie de ma maison, laissant mon toit pour n'être plus retourné. Ils ont à travers la vision me convaincre à regagner bercail.

Ainsi, au réveil, mon ami m'avait tout de suite appelé, non seulement pour m'expliquer les songes, mais planifie une séance de prière chez moi. Nous avons pris rendez-vous pour lendemain, un mardi de mai 2009. Pour dire vrai, séance tenante, à l'heure juste, il s'est accompagné de sa femme pour venir à moi dans cette mission. Une grande requête de prière a dévié aux dires de l'adresse toute attaque projetée à mon insu. Effectivement, trois jours après j'allais essuyer le drame de l'accident survenu à la Colline à l'entrée de la ville de Lascahobas. Bref, je devais me rendre à Mirebalais pour récupérer une carte d'identité oubliée d'un bureau appelé P I C V. Au contraire, j'étais accompagné de mon proche ami de l'émission, lequel beaucoup de la société veulent prendre pour mon frère, et nous le restons encore aujourd'hui. En route, il s'est descendu de la motocyclette pour se rendre au centre hospitalier de Zanmi La Santé à la Colline, moi je poursuivais la route vers Mirebalais, et j'y arrivais sain et sauf au bureau. C'était juste au retour de presqu'au même lieu du centre hospitalier que survint l'évènement, tandis que, j'avais déjà laissé tous les pas dangereux.

Une camionnette qui roulait devant moi quoique suivi à pleine attention s'est stoppé pour faire descendre un passager. Je ne comprenais comment soudain que ma moto s'est percutée en son arrière, me blessant à la tête et je me suis jonché à l'artère, tandis que venaient aux extrémités de la route deux véhicules qui m'auraient pu écraser. Dieu merci, l'un d'eux au contraire, appartenant à l'institution Zanmi La Santé, un Jeep m'avait transporté à l'hôpital de la zone. Etant arrivé, on m'avait consulté, procédant à la radiographie sur ma tête touchée. Heureusement, les examens médicaux n'ont révélé aucune fracture inquiétante sur ma santé, et après treize ans je vis encore sous la protection de Dieu. Quel autre personnage de ma trempe aussi bénéficiaire de la grâce de Dieu de son secours si marqué sur ma personne. Semble-t-il son existence n'est que pour moi, parce je compte des faits si épatants qui pourraient m'emmener très longtemps au lieu du silence. Pourtant, à chaque tranche de ces drôles situations intervient le ToutPuissant pour m'esquiver des malheurs. Comment pourrais-je rescaper des accidents sans avoir même un dommage au corps, mes pieds, mes bras, mes yeux comme organes si sensibles n'en connaissent rien de mauvais. Il est de ma juste réflexion de comprendre une raison première de sa protection pour une vie de témoignages.

Tel est aussi le sujet développé dans ce bouquin qui traduit toutes mes expressions en des termes dithyrambiques à l'égard de mon Dieu qui demeure si fidèle envers son vieux serviteur, à qui il partage sa faveur en dépit de ses péchés.

C'est à mon avis une noble occasion de présenter à chacun l'étendard de sa grandeur et d'inviter à tous de lui attacher toute confiance. Car, il est le seul, contrairement à son adversaire qui, au malheur de ses enfants s'écarte, et qui plus tard revient à des mots d'excuse. Dans la fournaise où on jetait les trois jeunes Hébreux, il fut présent, à la fosse au lion accompagnant Daniel, encore au rendez-vous, manifestant sa toute puissance, ainsi qu'aux Pharaon d'Egypte qui se croyaient être au-dessus de tout à leur époque , il a marqué sa providence, sans évoquer autant d'autres faits prodigieux qui jalonnent toute son histoire à travers la bible, et il continue encore à manifester son amour en faveur le monde qui atteint déjà son paroxysme au mal, où il se croit payer sous peu le prix de son péché à l'instar de Sodome et Gomorrhe jugées trop répugnantes devant lui et qui ont été détruites en contre. Que les accidents soient de nature simple ou complexe, provenant du bien ou du mal, Dieu en est toujours présent au soutien de son enfant. Je n'ignore pas la nature superstitieuse de mon pays, où la sorcellerie bat son plein depuis la nuit des temps où les esclaves l'ont eu pour fond au moyen de leur lutte contre les colons français. Ce qui reste gravé à la mentalité du peuple de génération en génération. Combien de cas d'accidents produits dans le pays qui sont l'œuvre des expéditions magiques à mission de détruire, des gens qui ne craignent de s'engager au compte de la vie d'autrui, en offrant aux démons des humains en compensation de leur gage chaque année, et beaucoup d'innocents en ce sens en sont leur proie. Du nombre, j'ignore si on ne voulait pas aussi à ma vie. Mais, mon nom étant inscrit aux mains de Dieu, elle se prive de tout mal, tant qu'elle soit soumise à son pouvoir.

J'en suis aussi témoin de beaucoup d'autres interventions magistrales divines du Seigneur au profit des autres. Car, un voisin en 2008 était accidenté sur le pont de Lascahobas, personne ne pensait à sa sortie vivante de l'eau étant immergé pendant près de trente minutes. Le véhicule totalement écrasé a témoigné l'étendue de l'amour de Dieu à son égard. Lui qui aurait été affolé pour Dieu à l'issu de ce fait prodigieux, ne l'est pas vraiment. A mon avis un tel rescapé devrait au Seigneur un sujet de témoignages continus, à la publication de ses hauts-faits.

Chapitre V

Mon cinquième accident

Mon histoire truffée d'accidents continuait en 2012, ainsi, par la voie terrestre au moyen d'une motocyclette, le moyen de transport utilisé depuis les années 2000 à Lascahobas, grâce à l'artère asphaltée facilitant cette voie. J'ai eu en 2012 un lundi de mai à me rendre à Mirebalais, pour une juste cause. Ainsi, en route non trop loin de la ville, j'oubliais une importante chose chez moi, et j'ai pu rebrousser chemin, une fois faire son acquisition au bercail, je regagnais la route pour y aller.

De retour, en pleine vitesse non loin de la belle entrée indiquant l'arrivée à Lascahobas, j'ai observé un homme en dialogue à un chauffeur de bascule, mais ma grande intention c'est sa traversée de la rive droite de la route. Ce fut fait, il retournait, quand le véhicule en sursaut à grande vitesse pourrait le heurter, en faisant de mon mieux possible pour l'éviter, pourtant surmonter une pierre du chemin qui me jonchait soudain sur l'artère, j'avais pu sentir les douleurs aux pieds, mais en reprenant la moto non trop endommagée pour retourner à la maison, légèrement blessé au bras. De retour, ma famille était fortement étonnée de mon cas, où j'allais reposer au moins une semaine par la suite. Mes amis proches qui savaient préalablement mon histoire d'accident étaient fort surpris de ce nouvel incident, mais m'aidant à lancer des tributs de louange au Seigneur. Ils ne comprenaient pas bien cette longue vie tramée par de tels cas. Moi, à mon tour ignorait le sens de ces faits si répétés dans mon innocente vie. Pourtant, il est de Dieu la raison selon sa propre volonté. Tout au long de mon existence j'imaginais sur ma vie si marquée d'aventures tristes qui contournent toute mon histoire, tandis qu'existaient dans l'ombre, insérés dans mon destin d'autres cas similaires car, ils arriveront par la suite deux autres.

C'est pourquoi, point n'est besoin à personne de suivre mes pas qui tracent des trajectoires si obliques où se cachent plusieurs fâcheux éléments, comme il revient à chaque homme de la vie un destin, un parcourt qui peut-être débuté de larmes et se termine en joie ou vice versa. Il est de ma juste pensée que chaque étoile la nuit observée appartient à un homme ou une femme de la vie. C'est une évidence à laquelle il se doit à chacun de saisir. Il revient pertinemment à moi qui ai dans mon répertoire de vie de tristes faits, mais j'en suis aussi bien le témoin d'un être suprême qui pourvoit à mon secours à chaque incident apparu. Je l'ai déjà dit précédemment que beaucoup de gens en simple accident sont partis pour l'au-delà, tandis que moi qui ai enregistré un nombre de sept respire encore, je n'en vois que Dieu seul comme recours aux cas dangereux connus.

Chapitre VI

Mon sixième accident

Parcourant ma triste histoire d'accident j'atteins le 6e, non trop dangereux, mais s'inscrit au nombre de faits pathétiques qui menaçaient méchamment ma vie.

C'était en Juin 2017 encore, un mercredi quand ma voiture s'est percutée dans le bois et soutenue par un arbre empêchant sa tombée, des pierres qui l'ont gardées en équilibre étaient à mon avis des anges au vol rapide expédiés par le Seigneur pour m'esquiver de ce grand danger auquel je tire plusieurs importantes leçons.

Quoique la marche incessante du moteur qui aurait produit du feu, rien de mal n'arrivait à ma vie, les riverains étonnés de moi comme connu presque de tous du milieu ne cessaient de louer Dieu qui m'a retiré de ce malheur.

Un ami est venu, et d'autres l'ont aidés à sortir le véhicule de l'espace. Heureusement, j'en rebroussais moi seul le chemin sur la voiture pour regagner sain et sauf ma demeure. Je réfléchissais tant sur les passants qui pourraient être touchés au passage, de l'endroit si dangereux où fréquentent nombres de véhicules. Dieu merci, personne n'était victime à l'issu de mon accident. Tous mes cas de ce genre se produisent à l'espace libre où ne circule personne, c'est encore une grâce imméritée du Seigneur qui connait ma sensible vie, laquelle ne peut observer les souffrances humaines. Je me rappelle un jour avoir été surpris d'un homme ensanglanté en plein visage à l'issu d'un duel de deux chauffeurs à Lascahobas et que j'étais failli tomber soudain, car, étant débile au regard du sang vif, je pensais tomber en pleine route. C'est en sortes, un cœur endolori en regardant les souffrances de l'autre, et le Seigneur au regard de mon sensible cœur l'évite toujours à avoir sur mon compte de peines d'autrui.

Qui de mon âge enregistre autant de tristes mésaventures et a pu pour Dieu un sujet de vibrants témoignages. Semblet-il il veut que j'absorbe tous ces faits qui renflouent davantage mes comptes d'histoire en vue d'augmenter mes chauds témoignages. Je comprends qu'il attend de chacun les cris de louange de ses merveilles. D'ailleurs, il n'aurait besoin à l'homme l'échappatoire d'un danger pour publier ses bienfaits, parce que la nature a tout montré, le soleil, la pluie, l'eau de chaque jour au service de l'homme manifestent l'étendue de son amour. En dépit de la nature d'un accident c'est fatal à l'homme. Il est vrai, son nom l'indique, un fait imprévu et non souhaité à quelqu'un. A ce point, je cherche à percer les caractéristiques de deux tranches d'hommes dans la vie, ceux qui la mesurent sur une base de raison et d'autres qui n'en voient que l'émotion.

Chapitre VII

Mon septième accident

C'est récent le 7e cas d'accident qu'Abel Sémexant a connu dans sa vie. C'est aussi du nombre des sept le plus spectaculaire et dangereux, pourtant, il se produit non loin de mon toit un mercredi 09 Novembre 2021. Quand ma voiture en panne des pneus, en voulant les remplir d'air en ville, je partais de ma maison accompagner d'un gars.

Au retour, presqu'à proximité de chez moi, le véhicule s'est éteint et tout son système était bloqué, rendant inflexible le volant et le frein en était si dur et impossible, mon cœur en pleines rues fourmillées de passants ce jour de marché avait surpris. Je ne pouvais pas trop me saisir pour savoir quoi faire en ce moment.

Enfin ma drôle réflexion me poussait uniquement à tourner difficilement à droite le volant en direction de ma maison, mais au choix de heurter une pierre sur une hauteur, et le véhicule s'est renversé de quatre roues au ciel.

Ayant vu trop dangereux de traverser un pont de la zone. Ceux qui en suivaient mes manœuvres pour éviter l'accident, pensaient me retirer cadavre de la voiture ainsi que le gars en ma compagnie. Dieu merci nous y sortions sain et sauf, sans essuyer rien de négatif sur nos corps.

Ce qui ressemblait même par curiosité les riverains pour contempler les merveilles du Seigneur au dépend d'un pécheur esquivé de la mort.

Ils ont saisi l'occasion d'exhiber leurs mains pour glorifier Dieu de mon sort. Les assistants, les hommes en particulier ont mis la main avec moi pour replacer la voiture sur ses roues exposées en l'air, même mes pièces et mes appareils de téléphone n'ont pas été brisés en signe d'exemple à la manifestation de la grandeur de Dieu, peut-être mon étonnement enlevait en moi la mémoire pour flasher en photo cet évènement si épatant. J'ignore si d'autres ne l'ont pas gardé en souvenir dans leur téléphone, comme c'est le cas d'aujourd'hui.

Un tumulte soudainement est soulevé entre les assistants en petits groupes, cherchant au moins de l'incident, les causes et les effets. Il est vrai, il leur serait un peu difficile de retracer les causes, mais quant aux effets, nous serions le gars et moi jonchés mort sur le sol comme résultat à cet accident.

Heureusement, nous voici en pleine forme activant dans beaucoup de choses dans cette vie encore. Qui pourrait à notre soutien pour nous échapper du danger ? Christ est pour moi le seul à absorber le coup par l'intervention de son ange que David qualifie de celui de l'Eternel qui arrache du danger tous ceux qui croient en lui (Psaumes 34 v 8).

Le septième accident rescapé traduit pour moi mon destin de Dieu d'avoir une histoire de vie jalonnée de pathétiques évènements auxquels serviraient mon sujet de témoignages et une noble raison de soumettre ma demeure à ses pieds pour toujours. C'est pertinemment impossible à quelqu'un d'enregistrer en si grand nombre d'attaques à son corps si débile et qu'il vive encore. Le psalmiste inspire tant dans ses dires, en laissant pour évidence que : « « Le malheur atteint souvent le juste, mais l'Eternel l'en délivre toujours. Psaume 34 v 20 » » un texte convenable essentiellement à moi qui ai connu un long passé truffé de malheurs, pourtant toujours sujet de protection divine.

Il se doit de toute mon existence accorder une place prépondérante à mon Seigneur des cieux qui projette son regard d'amour que sur moi. Et, j'en saisis bien le sens de ses dires qui confirment que toutes les branches de nos cheveux sont comptées. Rien n'échappe à ses yeux contre ses

enfants. S'il permet à ce que je sois un accidenté si nombreux, c'est en sa volonté sa juste raison. Je n'en suis jamais un vantard qui aurait occasionné mes maux, c'est juste au travers de mes activités dans la vie que tout a été produit. Comment aurais-je animé de timidité pour présenter au large en haut public pour exprimer ma joie et mes gratitudes au dépend d'un maitre si responsable qui tient pour bon sa promesse envers moi au travers des moments tant angoissants que ma vie a connus. J'en suis du nombre des plus protégés du Seigneur.

Il manifeste envers moi un spécial amour, tout comme il le montre aux gens du monde entier par son fils unique sur la croix. Je peux saisir le sens des mots de l'apôtre Pierre dans sa deuxième épitre, lorsqu'il confirme la patience de Dieu envers tous. Mais, son temps imparti au contrat à la terre s'épuise déjà c'est le sursis de repentance qu'il accorde aux pécheurs avant de prononcer son équitable jugement.

Il est de mon humble avis de comprendre la portée de cet amour qui ne se mesure sur aucune base partiale, mais encore à tous. C'est pourquoi je l'en témoigne à chacun afin de se soumettre à sa pleine volonté. Apôtre Paul l'avait évoqué aux gens d'Athènes de la Grèce, les indiquant la grâce de Dieu qui bannit leur péché, en les offrant le pouvoir du salut (Actes 17 v 29-30). Ainsi, continue au temps de la grâce cette proclamation à tout ce qui l'accepte pour la vie éternelle. Moi, je vis encore, non seulement je proclame ce message, sujet de mon témoignage, mais aussi une invitation spéciale à chacun d'écouter la voix du Seigneur pour être sauvé.

Chapitre VIII

De tristes faits moins tragiques, mais très vivants à mon esprit.

Dans ce bouquin je ne mentionne que les évènements les plus spectaculaires auxquels ma vie a confrontés et qui seraient la cause de son départ pour l'au-delà. Pourtant, il en existe d'autres moins rigoureux, mais qui restent bien vivants dans ma mémoire, ce que je voudrais entretenir aux lecteurs dans ce chapitre. Je les retrace de manière chronologique en vue de situer leur moment et leur contexte.

Ce fut d'abord en 1978, à peine huit ans d'âge sur mon compte d'existence où allait produire sur moi le 1e drôle évènement. J'ai été humblement sous l'auspice de mes parents, le seul d'alors à pouvoir tenir les activités de partout.

Ainsi, d'habitude, j'amenais presque chaque jour un âne que servait ma feue mère au marché. Tôt un samedi du 15 septembre 1978, j'ai dû l'amener à la deuxième section Juampas, où travaillait mon père défunt si longtemps.

Il faut dire que je murmurais en chemin de mon sort quotidien, quand venait mon temps de loisirs contrariés par les services domestiques à frayer le chemin moi seul à la campagne.

En route ce samedi je murmurais en moi, tandis qu'au jardin m'attendaient tant de services aux besoins agricoles de mon père. La recherche de l'eau, au mieux de nourrir les travailleurs qui l'aidaient. Ainsi, vers 1 heure après la pause. Mon père qui se reposait un peu chez ma tante aussi longtemps décédée, j'en profitais pour me promener au champ. Mais, à proximité, je découvrais un manguier dans lequel se trouvaient deux mangues mures. Je les lançais de pierres, en les cueillant j'ai dû soudain les dévorer, à un moment où cessait depuis quelques mois la récolte de mangues.

A la dégustation je ressentais un gout étrange et je les jetais ipso facto, plus tard je ressentais une douleur brulante à l'abdomen. Arrivé plus tard en ville, je ne pouvais dormir sous les démangeaisons. On priait instamment à moi, me procurant de remèdes appropriés qui apaisaient mes atroces douleurs ce qui accuse presque 44 ans. J'ignore jusqu'à présent la nature de ces mangues, venimeuses ou pas, je les dégustais depuis plus de quatre décennies.

Suivi de l'action de l'animal qui me trainait par terre. Sous sa rage affamée, en voulant atteindre le champ pour manger, il voulait me tuer, grâce à un arbre en chemin stoppait sa forte course et j'en pouvais échapper de sa méchante action blessé. Ma feue tante avait pris soin de moi, avant de retourner au bercail. Ce qui ne cessait pas mes travaux habituels en sa compagnie, mais avec de fortes précautions.

D'ailleurs, l'âne était mon bon ami, juste le temps de passation à mon petit frère quand je laissais Lascahobas pour mes études à mirebalais en 1984. Et, j'avais atteint déjà 14 ans d'existence, approchant vers ma jeunesse, on me reposait un peu, pour activer mon petit frère Guste au baptême de feu.

A Mirebalais continuaient mes incidents, ainsi un jour à la rivière La Tombe de la ville en compagnie des amis, à peine arrivé, au lancement de pierres vers des mangues, j'avais pu atteindre des yeux heureusement une mangue qui ne crevait pas mon œil gauche. Dieu qui a toujours à mon égard un plan de protection me cachait contre ce drôle incident.

En dépit des excuses prononcées, je perdrais l'un de mes yeux, loin de mes parents, mais sous le contrôle d'une tante en ce lieu, et j'étais bien gardé. Sans oublier d'autres faits similaires qui m'étaient arrivés. Quand une manifestation des élèves au lycée de la ville en protestation contre un directeur avait incité les militaires d'alors à occuper l'espace. J'y étais au cri des balles assassines, des élèves chef de mouvement en étaient aux prises des sbires de tonton macoute, certains arrêtés, d'autres touchés de balles, mais Dieu m'avait couvert de sa grâce et j'en suis encore vivant. C'est pourquoi, il me manque d'expressions pour présenter ses merveilles et son amour envers moi et envers tous.

Apres cinq ans à Mirebalais, je me rendais à Port-auPrince pour terminer mes études, où attendaient à ma vie d'autres épatants évènements qui pourraient à mon insu une cause de disparition quoiqu'en compagnie de mes frères et sœurs en ce lieu. En 1990, j'avais foulé le seuil d'un établissement scolaire à peine fondé au bas de Turgeau à Port-au-Prince. Certains de mes condisciples de Mirebalais soit 6 environ étaient du nombre, tandis que timidement dans la capitale l'insécurité prenait essor. Je me souviens d'une élève touchée un soir venant de l'école, ses bijoux ont été enlevés au Carrefour Dufort à Lalue.

Comme fonctionnait le soir cette institution, en revenant de l'école j'ai failli prendre la poudre d'escampette au manège d'un homme jonché sur la route à la ruelle chrétien, selon appris par certains riverains, c'était le plan astucieux des voleurs de la zone.

Deux ans plus tard, j'avais laissé la capitale en quête de mieux au Nord-Ouest du pays, notamment à Bombardopolis à la substitution d'un ami qui devait partir au mouvement de boat people, en outre le voyage illicite de mer des haïtiens au moment où l'embargo imposé à Haïti par l'OEA a jeté le peuple en sanglot. Il fuyait aux grands risques le pays en haute mer sur des bateaux de fortunes, ayant pour protecteur seul le divin des cieux.

Bref, le 2 Mai 1992, après toute planification, un samedi vers 8 hrs AM, j'avais laissé Port-au-Prince en direction de cette ville, qui d'alors fréquentée par un seul véhicule. Deux jours de la semaine ont marqué cette activité de transport : mardi et jeudi. Pourtant, ce samedi il était fort impossible d'en trouver un moyen de transport. Je devais traverser les Gonaïves pour arriver.

Etant arrivé vers midi dans cette ville, quelqu'un m'avait amené à la gare pour prendre le véhicule qui me conduisait au bout de route, dans une ville appelée Anse-Rouge. Je brulais à la poussiéreuse route 5 heures de temps. Mais comment atteindre ma destination, la ville de Bombardopolis ? Dieu avait envoyé sur mes pas un homme qui me planifiait le voyage par un camion qui devait traverser cette ville pour Mole-Saint- Nicolas.

Séante tenante je repartais vers 6 hrs du lieu, passant quasiment la nuit en route. Et, au milieu de la nuit j'y arrivais conduit par un enfant à la maison du directeur connu de la zone. Il me prenait du temps à adapter à l'espace pour passer au moins 2 mois. Etonné le lendemain de contempler le soleil provenant de l'occident au lever pour se coucher à l'orient, cette observation si étrange m'avait tant surpris, et j'en informais de ce phénomène, lorsqu'on m'avait appris la position lointaine de la ville par rapport au pays. J'y adaptais quand même pour retourner après les vacances aux activités d'enseignement comme professeur de français et de littérature.

C'est ainsi, au retour en Octobre, j'ai dû seul frayer une voie. De ma peur, ayant à l'esprit les assassins de la zone, mon cœur battait fort avant que venait un véhicule prodigieusement, car, il n'en était jamais ainsi de l'espace. Le chauffeur me conduisait à destination sans aucun mal. Ce que jugeait de l'intervention divine, m'arrachant de la proximité du danger.

Prenant enfin le drame du 12 janvier 2010 qui m'avait saisi en route, en plein voyage perpétré une heure de temps dans un blocus dans la capitale. Moi, qui depuis mon abandon de Port-au-Prince de 2002 n'y sommeillais plus. C'est pourquoi, le mardi du 12 janvier de cette année, en quête de la ville d'un passeport, si longtemps cherché. L'agence, à qui j'avais rendez-vous, m'avait attendu à l'immigration. Bref, tôt vers 8 hrs arrivé de l'espace je l'avais appelé au téléphone. Il m'avait tenu en attente non loin de l'institution.

Bref, après 30 minutes, il venait à moi, ayant entretenu sur la finalité du document pour vendredi prochain de cette semaine, j'ai rebroussé chemin. J'ai vite appelé un autre agence de l'archive nationale qui m'avait parlé d'un rendezvous pour midi. C'est ainsi que j'en profitais le temps pour visiter les bureaux à proximité au besoin, appelant ensuite un proche ami qui me faisait compagnie au Champ-de-Mars, juste avant d'aller à l'archives. Le temps filait jusqu'à arriver au moment de mon départ.

Au contraire, de mon passage en face du palais, par son décor apprécié de l'époque, non loin des fêtes des fins d'année, je disais en moi, lequel palais servait de bureau au président René Garcia Préval de regretté mémoire pour deux mandats. Tandis qu'il allait être effondré quelques heures après pour n'être plus de son architecture antique.

Moi, de mon arrivée auprès de l'archive j'avais pu contacter l'agence qui m'octroyait deux documents d'extraits d'acte de naissance. Et je rebroussais route, passant à vol d'oiseau sur la grand-rue pour atteindre la station de Lascahobas, où partait à peine un premier muni bus rempli. Je devais attendre au moins de cette espace dangereuse plus d'une demie heure pour y sortir.

Pour dire vrai le chauffeur très dévoué a franchi la route nationale numéro I en passant par Bon-Repos. Pourtant, au milieu de la route a enfoui le véhicule dans un dur blocus. J'y sommeillais tant, juste le moment de la traversée du pont de la Croix-des-Missions, c'est ainsi que tous les chauffeurs animaient de vifs désirs de partir à vitesse, ignorant plus tard l'arrivée du séisme ce tyran qui allait couter à la vie de plus de trois cent mille haïtiens, hélas ! A Bon-Repos à proximité de l'Eglise de Dieu, les passagers comme moi sentaient bousculer fortement le bus, ce qui éclatait soudain leur cri de Jésus où j'avais répondu le sang de Jésus. Le chauffeur aussi étonné freinait d'un bond le véhicule au milieu de la route, et au travers les vitres, on observait une lourde poussière dissipée qui occupait toute la zone.

J'avais pu de loin contempler la tombée des poteaux électriques sur des camions au bord de la rue. Le chauffeur timidement parti devait arrêter en quelque part pour regarder les blessés tristement emportés à l'hôpital, pourtant les dégâts les plus monstrueux ont eu lieu surtout au cœur de la capitale. On ne pouvait à l'intérieur du véhicule déceler aisément l'étendue des cas enregistrés sur les lieux. Mais, nous comprenions tous une raison au Seigneur de nous esquiver des zones risquées de la ville et de la route surtout, au morne à cabri où des grosses pierres s'étaient détachées de la montagne qui auraient jeté le bus au trou.

Au sommet de la montagne, on regardait à l'horizon l'état noirâtre de Port-au-Prince occupée surtout de poussière, couverte de ténèbres par l'arrêt immédiat du courant électrique, un ami de Lascahaobas au véhicule se plaignait de deux enfants dans une maison, en observant les actes monstres du séisme s'étonnait. On tentait en vain de rentrer en contact aux proches amis de partout, mais les infrastructures des compagnies de communication, d'alors Voilà et Digicel étaient fortement endommagées soudainement empêchant les appels. Ce qui suscitait un effroi sans mesure de chacun, et au bord du chemin on observait les tumultes des groupes exprimant les effets du séisme. Combien Christ, me retirait d'un danger de mort, où n'échappait pas presque tous les touchés. Combien d'églises, de grands édifices, d'écoles et même le palais national n'y était pas esquivé. C'est en sortes une expérience qu'il voulait à ma vie, pour augmenter ma foi au travers de laquelle je perçais l'évidence de son amour. Ne voulant pas me succomber des décombres au milieu de la ville, il occasionnait au moment de ma sortie le fait au lieu non trop dangereux, tandis que des milliers de gens soit un nombre monstre de plus de trois cent mille personnes ont dû laisser leur peau sur les terribles frappes du séisme du 12 janvier 2010.

Aujourd'hui si je suis un prédicateur de l'évangile jouissant d'un art oratoire pour édifier beaucoup par la parole du Seigneur, j'en ai une cause juste, et de fait, rien ne peut enlever mon vif désir de travailler au champ de Dieu. Combien il n'existe nulle part un être suprême si fidèle qui s'occupe autant de la protection de ses adeptes que Dieu. Et, moi Abel j'en suis témoin de toute sa grâce au jour le jour envers moi.

Chapitre IX

ABEL, une histoire, une vie

C'est trop vaste et abondant de camper un homme comme Abel. Bref, il est né dans la deuxième section rurale de Lascahobas, en Septembre 1970 non loin du fleuve de l'Artibonite, ce fleuve qui plonge ses profondes racines dans la république voisine et servant à l'électrification d'une bonne partie du pays et de son rôle à l'irrigation de la vallée de l'Artibonite d'où son appellation d'une organisation de la région ODVA.

Bref, Abel s'est vite tôt adapté aux premières lueurs de vie de son milieu de 0 à 6 ans avant d'accompagner sa famille pour fouler la ville de Lascahobas en 1976. Une sortie célère de son feu père intimé de Dieu à laisser sa demeure à l'instar d'Abraham. Mais, contrairement au patriarche, il n'en voulait pas y aller volontiers. C'est ainsi, qu'il s'était frappé des maux à l'oreille. Il en payait le prix jusqu'à souffrir affreusement en ce lieu. Trop attaché aux activités agricoles, il fuyait l'appel de Dieu pour gérer ses vaniteux biens.

Ce fut cette année, comme nous apprenions mon grand frère Jonas et moi en leçon particulière d'un professeur le feu Moise Clotaire à la maison. Nous avons pu si vite initier aux premières notions académiques, ce qui stimulait notre père à nous inscrire dans une prestigieuse institution scolaire de la ville appelée Evangélique Baptiste, qui après 46 ans desserve encore la population Lascahobassienne. En 1976, nous y faisions notre magistrale entrée. Disons-le puisque notre brillant passage marque encore nos contemporains en mémoire.

Mon frère y gardait une place prépondérante de première aux différentes évaluations en classe, de première année jusqu'en 5e A en 1982 aux examens de fins d'études primaires d'alors appelées certificat. Il me devançait au prix de sa haute capacité d'intelligence, accompagnant d'un autre surdoué contemporain de son nom Benissé Estiverne.

L'année prochaine j'y prenais part et gravissais l'échelle de la 6e A.

J'ai été du nombre des élèves cette année à ouvrir le Collège Spring Hill à la rue Roldolphe

Gardere de mon quartier. Le directeur était du milieu quoiqu'il revenait de Portau-Prince. A feu, la promotion adaptait aux nouveaux programmes pour bruler l'année académique.

Economiquement, mon père ne pouvait me soutenir pour longtemps à l'école. Il me revenait de s'attarder un peu une ou deux années pour reprendre les boulots. De mes cris à l'issu de cette situation, mon père me prodiguait un conseil de consulter mon feu oncle Meriel de Mirebalais pour m'accompagner à fouler le seuil du lycée de cette ville, le seul d'alors au bas du Plateau central.

Tout de suite, je consultais mon oncle qui avait pris à cœur la demande, un bienfait qui reste bien vivant dans mon esprit pour retourner ses fils. Pour dire vrai, il m'avait amené auprès du directeur d'alors le pasteur Samuel Alexandre qui m'acceptait comme élève du lycée en classe de cinquième. Un voisin, un éminent professeur aujourd'hui de Lascahobas m'accompagnait. Deux proches parents ma feue tante Gélimerne et mon oncle Meriel m'avaient servi de tremplin à cette étude loin de mon toit paternel, je ne les oublie jamais. J'allais produire un temps de 5 ans chez ma tante cette veuve qui me gardait comme l'un de ses deux fils, à qui j'éprouve encore de profonds respects et gratitudes. C'est pourquoi, je pleurais amèrement son départ, vu que je ne terminais pas encore mes études à Port-au-Prince en 1990, alors que la nouvelle de son décès m'avait tant choquée. C'est pourquoi, je jure d'accompagner ses fils partout en compensation de reconnaissance pour ses bienfaits, et ses arrières fils en sont aussi incarnés de mes gratitudes.

Je laissais Mirebalais en 1989, après avoir essuyé un échec aux examens du baccalauréat au nombre de la majorité de l'époque au lycée de Mirebalais. Dix élèves ont eu victoire d'alors, les autres d'une flotte de 57 quoiqu'en reprise en septembre échouaient. Les dix gardent encore la mémoire de cet incident, où les noms des élèves réussis étaient médiatisés. A un moment où les élèves étaient tous affolés de l'école, on attendait des ondes citer les noms c'était vraiment heureux.

Beaucoup des échoués ont frayé la voie de la capitale, pour terminer les deux autres classes du classique. Six du nombre se rencontraient dans un collège appelé Nelson Mandela à Port-au-Prince sur les rives de Turgeau. J'y étais du nombre et nous travaillions d'emblée pour la réussite en 1990, et Dieu nous aidait à écoper le diplôme de la Rhéto.

44

Et de notre quête à pouvoir atteindre la philo, nous avons murement étudié pour qu'en 1991, nous accomplissions notre but, pour dire vrai, heureusement nous l'avons atteint. En 1992, j'avais laissé la capitale, en quête de vie au far

Ouest du pays. A la substitution dans un collège à Bombardolpolis d'un ami en voyage de péril pour les EtatsUnis. Par le truchement des ondes j'avais envoyé les nouvelles de mon arrivée des lieux. Ainsi, le 2 mai 1992, je partais pour Gonaïves, la ville à traverser pour me rendre dans ce bourg que disposait en transport un véhicule deux fois par semaine. Alors, que n'y inscrivait pas le jour de mon départ. Quelle difficulté à enregistrer en ce sens ? Dieu pourvoyait à mes besoins en disposant en ma compagnie deux amis en deux occasions, soit Gonaïves et Anse-Rouge.

Etant arrivé dans la zone, il me prenait du temps à y adapter, mais j'y brulais au moins trois mois avant de retourner définitivement au bercail. Trois ans plus tard, en

1996, j'allais épouser ma bien-aimée à qui je continue encore ma vie mutuelle. Bref, il insère dans cette histoire un brin d'évènements que je ne trouve pas vraiment le temps de camper. Des faits non trop brulants, mais qui serviraient de témoignages à la manifestation de la gloire de Dieu.

A- Qui suis-je?

Je suis un curieux qui tente percer toute réalité de la vie, un téméraire qui ne craint parfois d'affronter les choses indispensables celui qui persuade l'homme, en dépit de forte rébellion. Je suis celui qui est convaincu qu'il se cache le réel au-delà du vu. En sommes, ce que je vois n'est pas réel parce qu'il est éphémère.

Je comprends à son origine de Dieu qui est éternel, ainsi ce dernier l'est bien aussi. Pourtant, plus d'un pense que l'homme est du néant après la mort. Moi, j'appuie sans réserve sur les dires divins qui confirment l'existence humaine qui décide au vu de son corps qui se transforme enfin en âme qui reste éternelle.

C'est pertinemment sa désobéissance qui l'a subjugué aux poids de la souffrance et qui le perturbe autant qu'il respire, voulant voir surtout son âme convoitée du diable qui doit subir sa peine perpétuelle pour son orgueil, entrainant l'homme né à l'image de Dieu à payer en sa compagnie le même châtiment. Quand il n'est pas trop aisé de saisir ses stratégies de chute, en mettant à la satisfaction de la chair humaine autant de ce qui lui plait, à but bien précis de toucher son âme qui vit éternellement.

Quant à elle qui s'expose à deux endroits différents suivant les directives de l'être spirituel choisi : Dieu ou son adversaire, Satan. Pour moi, je rends gloire au Seigneur qui a permis mes parents au départ de me confier l'être suprême, lui qui émet à l'existence toute chose. Cela sous-entend qu'il me trace à la naissance la ligne bénie à suivre pour atteindre mon salut.

Je suis celui qui embrasse tôt ma destinée spirituelle, en m'initiant à elle pour pouvoir gagner la vie éternelle. Je m'en souviens de mon intégration au programme d'éducation chrétienne, notamment d'école dominicale à 12 ans. Ce que j'effectue encore à mes cinquantaines. Il serait difficile à mon âme d'user son salut, quand j'ai eu tout à ma disposition.

Nous sommes huit enfants de la famille bénéficiaire de cette même grâce, combien notre jugement serait plus ferme devant Dieu, si nous perdions les traces du salut. Mais, ayant sous nos yeux d'autres personnes de notre acabit qui s'affolent dans le monde, oubliant leur origine, si les jeunes de prière les veilles de nuit ont été leur protection contre les sorciers à la naissance, sans être considérés comme des exempts des saints hommes nous gardons quand même une ligne qui devrait nous conduire droitement dans la gloire éternelle.

Mes recherches de mieux et leur conséquence

Comme vient de dire plus haut, je suis un curieux qui ne croise jamais les bras en face des pressions de la vie, mais active d'une manière ou d'une autre pour l'affronter. C'est ainsi que j'ai été d'abord un commerçant de carburant en 2002-2003 quand je voyageais dans la capitale pour son achat et l'écouler sur le marché de Lascahobas. Je pensais toujours à un dénouement de la crise haïtienne pour en sortir heureux, pourtant il y va de pire dans la société. Quoique l'évolution du mal dans le pays, je m'arrange à saisir de quoi pour vivre ma famille et moi. A la suite du commerce viennent mes activités agricoles et d'élevage de bétails. Mon caractère si chaud et émotionnel

B- Sur le plan social

Sur le plan social, je banalise un peu mes efforts pour atteindre certains niveaux sociaux. Sans rester pour autant bouche bée ou croiser les bras tout simplement j'affronte durement la vie. Pour avoir de quoi aux soins de ma famille, j'avais tout embrassé. Je m'en souviens de mes activités commerciales de vente de carburant, d'activités agricoles, d'enseignement de services de bureau, de comptabilité en deux occasions.

Enfin, j'avais gardé pour bon les pratiques d'enseignement pendant vingt-cinq ans avant de l'abandonner définitivement pour m'initier à d'autres services. Ma curiosité sur le plan social, m'envoie à la découverte d'autres pays. Ainsi que la république Dominicaine est le premier à visiter en 2010, trois ans plus tard, j'ai écopé, après quatre refus un visa américain, que j'avais pu garder pour cinq ans quand on me refusait plus tard de le renouveler.

Je comprends les forces du mal qui me poursuivent à mission de bloquer mes succès sociaux. Cependant, au creuset de sa force je lutte par la prière, où j'en suis assis au pied du maitre pour saisir les vides de l'adversaire sans quoi, je ne serais rien dans cette vie. Bref, je ne suis point un résigné, soumis à mon état délabrant, ou j'admets mon état piteux de vie.

Je suis un dynamique, non conscient à vivre à qui mieux, quand j'apprends de l'écriture sainte le pouvoir de domination de l'homme sur tout ce qui existe. Je comprends au contraire que le malin qui en veut à sa perdition a usurpé son pouvoir en le jetant au malheur pour toute sa vie.

Cependant, ayant saisi la grâce de Dieu de pouvoir retrouver ses semblables des proies affreuses de l'adversaire. Je sais un peu comment affronter la vie pour organiser ma courte durée terrestre. Non seulement, à la gestion de mon corps, le porteur de l'âme la plus importante de l'être humain et qui est éternelle.

Loin de plier aux poids lourds de Satan qui épouse pour principale mission d'entrainer tout homme en enfer, en rendant si impossible la vie des serviteurs de Dieu, je formule des stratégies de combat pour vivre. Ce que j'ai entrepris est extirpé de Satan qui orchestre la domination de l'homme et qui n'a que pour tâche de le jeter en tâtonnement.

A savoir que tout ce qui a été créé est au besoin inconditionnel de l'homme, il n'aurait aucune raison de souffrir. Mais, le diable, le voleur en convoitant ses richesses, l'a tendu un guet à pense auquel est pris l'homme dès la création, le voici toujours aux proies des tourments. A lui seul, le choix de s'y libérer quand Christ s'est mis à la disposition de l'être humain créé pour se charger du fardeau de son péché.

C- Sur le plan spirituel

Avec mon demi- siècle, je gère enfin ma vie éternelle. A la lecture d'un monde si vil qui révolte Dieu. Je n'y vois qu'une sortie heureuse pour échapper de son prochain sort. A ce point, je m'arrange auprès du Seigneur, je m'installe à ses pieds à l'instar de Marie. Force de toute échappatoire de l'homme qui se doit d'accrocher à Dieu. En observant le rapprochement du danger humain, je n'épouse qu'une seule idée de me consacrer au Seigneur.

D'ailleurs, j'ai peur déjà le sort du monde, la parole sainte qui ne ment pas, et sous les plumes de l'apôtre Pierre qui confirmait dans sa seconde épitre que la terre et ses composantes vont être disparues. Je commence à diminuer un peu mes lourds efforts matériels en quête de mieux pour augmenter mes heures de travail dans le ministère spirituel, sachant qu'ils ne se perdront pas auprès de Dieu.

Ce que Paul a confirmé très clairement aux chrétiens de Corinthe, en terminant le 15e chapitre par ces mots : « « Ainsi, mes frères bien-aimé soyez fermes et inébranlables, travaillant de mieux en mieux à l'œuvre du Seigneur sachant que votre travail ne sera pas vain dans le Seigneur. Je considère superflu les efforts ardus de l'homme à la recherche de la connaissance et des richesses de ce monde. Il serait pour lui mieux de consacrer plus d'heures au travail du maitre au lieu d'être trop lassé aux choses vaniteuses de cette vie. D'ailleurs, mes actions visent un peu l'éducation de mes enfants, sans trop me perdurer aux activités louches qui auraient embarrassé mon âme.

Il est de ma réflexion que chaque homme a son destin, et l'enfant en maturité se doit d'embrasser sa propre vie. Sans ignorer mon accompagnement pour l'aider à affronter l'avenir, mais chaque humain dépend exclusivement de Dieu. Ceci est si vrai que les parents de mort prématurée ont leur enfant réussi dans la vie, parce que son avenir tient sa pleine origine du créateur Dieu, C'est pourquoi selon moi la réussite de l'homme n'est point de sa race ou de ses ancêtres, mais encore une fois du Seigneur.

Sur le plan spirituel, je formule un mécanisme qui inspire la recherche de Dieu, mais m'initiant aussi bien aux activités spirituelles qui garde prisonnière mon âme au travail exclusif de Christ. J'évite tout aussi bien les endroits des fausses doctrines auxquelles apôtre Jean s'entretient beaucoup dans ses écrits. Etant au moment de leur évolution de la grande mission du diable de jeter la confusion au camp des saints, où tant de gens mal affermis ont déjà adhéré.

Je n'en veux en rien m'écarter du premier amour. C'est pourquoi, en dépit de ma haute générosité de pouvoir collaborer à tous, je m'abstiens aujourd'hui sur certains appels pour ne pas nouer ma foi à ce qui l'affecte au mal.

Je prie Dieu instamment pour laisser ma progéniture dans la ligne divine, comme le cas de moi qui ai hérité cette grâce de mes parents. A mon avis je donne encore gloire au Seigneur qui capte leur esprit dans sa volonté de l'état piteux du monde où tôt les jeunes actuels se livrent aux dérèglements. Je ne cesse de fléchir genou devant Dieu en faveur de mon deuxième enfant qui vit aux Etats-Unis, le bastion de l'immoralité du monde post moderne,

Un pays de liberté immorale extrême qui cherche à substituer les lois divines par les leurs en infligeant l'homme aux faits les plus répugnants devant Dieu. Je sais pertinemment qu'il ne va pas le garder autant en ce lieu, car les averses de jugement vont frapper sous peu ces grands pays de la planète qui supportent surtout les vices contre nature, ce que connurent les deux villes jumelles de la Bible Sodome et Gomorrhe.

Il n'est pas trop aisé à moi de saisir le sens des parents chrétiens aujourd'hui en humour, ignorant le tyran de l'immoralité qui s'abat sur le monde auquel les jeunes sont les premières victimes. Il est obligatoire aux parents de cet acabit de bruler des heures en prière, sollicitant de Dieu la grâce pour sauver les jeunes de cette vie immonde. Je demande à Dieu d'avoir avec moi ma famille dans la gloire éternelle, comment la laisser au couvert de ce monde qui va périr ?

C'est ma prière à Dieu de sauver tous ceux de mes proches dans cette vie menaçante sous l'auspice de son prince le diable.

C'est avec hibernation de lire les écrits de l'apôtre Jean dans son livre de révélation qui stipule en son 12e chapitre ces mots : « **Malheur à la terre car le diable est descendu vers vous animé avec toutes sortes de fureurs sachant qu'il a peu de temps. Apocalypse 12 v 12** » »

L'image grimaçante du monde inquiète, le comportement de des gens post moderne est hideux, leur aigreur cherche à fuir l'homme, mais où se cacher contre ses coups horribles ? C'est pourquoi parfois je sollicite l'avènement du Seigneur. Pourtant, il trace dans son plan le temps marqué pour sa venue. C'est en sortes son estimable amour qui prolonge le temps imparti à son dernier jugement, à abroger le contrat à la terre.

Dans l'intervalle, il délègue ses hôtes en quête des adeptes du diable qui ne doivent pas périr, car leur nom dès la fondation du monde s'inscrit au livre de vie. Lequel livre apôtre Jean vu dans sa singulière vision, celui qui contient les noms des élus. De ce livre insèrent beaucoup d'agents de Satan de nos jours. Apôtre Paul, inspiré de cette réalité avait invité les gens d'Athènes en Grèce à venir à Christ qui fixe un jour de jugement à tous. Que puis-je espérer de ce monde ? Je n'y attends rien de meilleur, sauf l'avènement de mon Seigneur qui est très imminent au regard de plus d'un. Pourtant, le monde n'en tire pas raison de sa conversion, ce pour accomplir les paroles de Jésus en allusion aux gens antédiluviens qui s'occupaient uniquement du matériel, n'ayant en tête rien qui devait arriver. Sous peu la pluie commençait à tomber d'emblée et les périt tous (Matthieu 24 v 34-37).

Il y va de soi du cadre figure analogue du monde post moderne qui engage sa vie aux plaisirs, se vautrant leur corps aux souillures, et Dieu n'y trouve point de place, mais voulant se satisfaire à ses vaniteux désirs s'aveuglent, banalisant toutes les lois de la morale et divines.

A cet effet, le ToutPuissant va sous peu agir pour prendre les contre pieds aux méchants, et ils ne pourront en rien échapper quand il mettra fin à son amour.

Enfin, j'encourage tous mes proches à serrer leur rang autour de Jésus pour ne pas rater le jour pour lequel on se sacrifie aujourd'hui, absorbant toutes sortes de situations humiliantes au prix de notre âme à sauver. Et ce que le Seigneur veut de nous, je m'efforce de le tirer de moi qui est la sanctification, cette mode de vie non aisée qui se doit l'essentielle au chrétien à se préparer pour son salut, et sur ce point l'auteur de l'épitre aux Hébreux est clair en ces mots **« Sans la sanctification personne ne verra le Seigneur. Hébreux 12 v 14 »**

Chapitre X

Les merveilles du Seigneur dans ma vie

Je viens de dire à toute franchise aux chapitres précédents mon passé glorieux, bourré de merveilles à l'échappatoire d'évènements tragiques, et je juge que personne n'aurait à mon égard de tel amour que Dieu, le divin créateur de qui provient la vie de tous.

Dans ce chapitre, je poursuis la présentation du tableau de faits épatants qui ont marqué ma vie dans lesquels toutes la grâce du Seigneur est traversée. Je m'en souviens d'un ami en 2012 soutenu à trouver un emploi. Car de mon genre si sensible d'accompagner les autres en difficulté, épris souvent au sort des autres, j'en trouvais nécessaire de l'aider à embaucher le travail comme orphelin de père. Pourtant, tôt à son entrée, il n'épousait en tête qu'un désir d'attaquer l'équipe qui l'avait embauchée.

Peut-être à mon avis l'influence du mal qui le poussait à ce farouche comportement. C'est ainsi qu'en 2013, bien avant mon premier voyage des Etats-Unis, il est tenu une réunion sur la gestion d'une organisation internationale dont j'en faisais partie comme secrétaire, là cet homme avait trouvé l'emploi.

A peine arrivé dans ce pays le 27 Avril de cette année, j'en suis informé de son terrible accident et qui la soldait en contre de graves fractures. Ainsi, mon nom était relevé comme malfaiteur à son attaque. Ce que je banalisais, vu ma réputation et ma juste reconnaissance du milieu comme serviteur de Dieu. Quelques mois après cet homme allait physiquement me lancer des jets de pierre à mission de me détruire. Pour dire vrai, à la suite de l'action une psychose de peur m'avait occupé l'esprit, craignant même de fréquenter son lieu de résidence. Car, l'incident a eu lieu non loin de ma congrégation auprès de sa maison. Ayant perdu par son drôle comportement l'emploi, il me ciblait comme auteur de son chômage. Trois ans à passer dans une inimitié aigue contre moi, ne recevant pas mes salutations d'usage. Juste le temps un soir à proximité de sa maison, il en trouvait nécessaire de me reprendre salutation, m'excusant sur l'incident antérieur, je l'avais accueilli volontiers depuis lors nous devenions amis.

Je n'en veux pas être placé à l'ex-cathedra me vantant de mes généreux caractères issus de Dieu auxquels j'en trouve bon d'aider les autres en grandes difficultés. Comment puisje payer un prix de mal, alors que j'en fasse le bien. La vie qui est régie par ses lois qui confirment que le résultat du mal est lié à son mal, quant au bien, il suit le même chemin. Il est de toute évidence de bénéficier les protections divines, quand il inscrit dans mon annale de vie que les actes de générosité.

Ma vie est mystérieuse, point n'est besoin de trop discourir sur les immenses faits qui ont couronné mon existence, ceux qui dès mon enfance auraient si tôt me jeter dans l'oubli. Pourtant j'en suis moi-même à verser de nombreuses révélations dans la rédaction de ce bouquin qui contient mes vibrants témoignages de la grandeur de Dieu.

Mon histoire débute à Lascahobas, elle parcourt la capitale pour aboutir jusqu'au bout du pays, à Bombardopolis au far Ouest pour chercher de mieux comme enseignant. Je traversais de nombreux dangereux endroits pour y arriver. De retour à Port-au-Prince, après six mois en 1992, je frappais nombreuses portes en quête d'emploi, mais la craie encore au rendez-vous, j'allais bruler encore huit ans dans ce secteur avant de toucher d'autres expériences en administration, je fuyais de part et d'autre follement pour atteindre mon objectif.

Après avoir passé treize ans à Port-au-Prince en compagnie de mes frères et sœurs, en 1996 j'épousais ma femme à qui je mets au monde cinq enfants doués de pouvoir d'apprendre grâce à Dieu, où deux terminent leurs études universitaires les autres courent à bon train la route de l'éducation. Comment ne pas élever le Seigneur qui tient en haleine ma famille et pourvoit quotidiennement à ses besoins. Jamais, je n'enregistre un cas d'horribles maladies qui les conduisent sur les lits d'hôpitaux.

Chapitre XI

Vie de turpitudes et de déboires

E ont su vivre des moments tristes et la trajectoire de leur n jetant une rétrospection sur les gens de ma trempe qui

vie angoissée, je voudrais me référer au répertoire des écrivains du terroir de plusieurs générations comme : Coriolan Ardouin, qui si tôt aux prises de ses douleurs avait rendu l'âme au midi de sa vie. Peut-être, en jugeant sa débilité accrue en face des déboires Dieu l'avait prématurément appelé.

Suivi d'Ezer Viaire, ce credo littéraire qui avait marqué les écrits haïtiens, même au niveau exotique, était lui aussi mutilé par les coups horribles de la vie. Au contraire, il a laissé aux annales littéraires haïtiennes un fameux ouvrage en vers qui embrassait toutes les douleurs des pauvres. En outre, les Dix-Hommes noirs qui a traduit ses sentiments au dépend de ce mal que le peuple dut traverser, l'expression du cœur des pauvres, qui en majorité préfère la mort, à la différence de l'ultime figure qui se croyait trouver une échappatoire de la vie et ne se tuait pas.

Voyageant de plus vers d'autres cieux pour tirer du nombre des souffrants comme Victor Hugo, qui, en face des frappes monstrueuses de la vie exprime et vide les sentiments de son cœur endolori.

En me comparant à eux, il ne pose pas trop grands écarts. Car, ma vie n'a pas été blessée par les mêmes affres, mais je connais des moments troublants qui auraient causé ma mort. Le Tout-Puissant me chargeait toujours au dos, me traversant les impasses dangereuses. Je crois avoir évoqué cette réalité de ma vie au bouquin près d'une décennie publié titré : « « Une vie de peine suivie de joie » » Lequel explique mes premiers échecs à tout projet entamé. Il me faut avant tout les essuyer avant de les concrétiser.

Tel a été le cas de mon visa américain trouvé où j'avais orchestré quatre refus avant que le consul en trouvait nécessaire de me l'accorder en 2013. Pourtant, l'ayant reçu, je l'ai gardé que pour cinq ans, quand en 2018, on me refusait de le renouveler.

Ayant connu la réalité de ma vie, les responsabilités familiales m'obligeaient à retourner en Haïti, quand mon visa expiré depuis trois mois aux Etats-Unis expliquait déjà mon vœu d'y rester. Mais, aux cas inquiétants de deux de mes enfants malades, ma femme abasourdie de tristesses, où leur photo observée par le truchement de l'internet m'avait fort surpris.

Et, mon frère résidant des Etats-Unis me conseillait de rebrousser chemin, ce fut fait. A mon retour, dans six mois je tentais de le récupérer, hélas ! Malheureusement, j'avais essuyé un refus de renouvellement. Ce qui n'est pas trop aisé.

Il se doit à mon innocente vie à l'acabit d'un homme positif et optimiste qui persuade sa future transformation en une nouvelle nature. Le même homme, mais d'un être éternel qui cheminera vers une demeure heureuse ou malheureuse. Quant à moi, je place mon domicile chez le Seigneur pour assurer ma demeure heureuse à perpétuité.

En consultant les dires scripturaires de Luc dans son 16e chapitre, il en précise à la parabole de l'homme riche et Lazare l'évidence d'une demeure des justes et des méchants. La figure de Lazare et de son nom ironique montrait sa pauvreté, et le riche se trouvant au confort l'humiliait du vivant. Pourtant, le tyran, la mort qui ne marchande le rang de personne a frappé d'abord le pauvre, le récit nous apprend son accueil par les anges qui sont venus à sa rencontre couronnée de gloire.

Prochainement, vint celle de l'homme riche qui entra soudain au lieu des tourments. Mais, il a aperçu à l'horizon le pauvre lazare réjoui en son lieu, pourtant il ne put lui-même résister au feu de son séjour. Il dut pour apaiser sa douleur solliciter du patriarche Abraham le renvoi du pauvre à son secours, ainsi il pourrait de grâce accepter la mise d'une goutte d'eau de ses lèvres brulantes. Malheureusement ce fut trop tard à cette demande, tant qu'il existe dit le père Abraham une cloison étanche entre les gens de ces deux demeures.

Que peut-on en saisir là-dessus? C'est que sur la terre dans la société tout le monde se mêle en dépit de sa foi de ses croyances, à l'école, au jardin, au marché, à l'église, dans les centres sociaux, etc. Pourtant, après la mort il existe automatiquement une séparation des humains. Pour dire vrai, dans la société, on se limite aussi par ses rangs et ses moyens économiques. C'est pourquoi, tout le monde active aux boulots pour gagner de quoi à occuper les prestigieuses places dans cette vie.

Il est bien contraire dans l'au-delà, à l'issu de cette histoire parabolique et qui selon le Seigneur, un témoignage de l'évidence des demeures éternelles réservées à chacun. L'important c'est que la vie terrestre planifie la vie dans l'audelà. On peut saisir de cette histoire le comportement de l'homme riche à l'égard du déshérité du sort lazare qui le visitait chaque jour pour trouver de quoi à manger, et de façon humiliée il l'avait reçu.

Le conseil à prodiguer à chacun c'est de manifester une bonne vie sur la terre, d'avoir égard à tous le considérant comme son frère, ce qui reste une préparation de la vie ailleurs que tout le monde doit préparer. On n'a pas campé dans le texte les œuvres terrestres de ces deux personnages, on en tire uniquement un brin de vie, montrant l'importance du partage et que l'accueil du prochain aura une vie heureuse dans l'éternité.

Chapitre XII

Origine de l'homme, son fonctionnement et son devenir

A- La réalité de l'Etoile de l'homme

E à moi de déceler la réalité de l'Etoile impartie à la vie de n faisant une lecture minutieuse sur la vie, il est arguant chacun sur la terre, en outre son plein destin qui suit le parcourt de son existence. Dans une nuit claire et parsemée d'Etoiles où l'on peut observer leur clarté et leur scintillement. Certains quoique peu ont un éclat si rayonnant, on pense parfois qu'elles dominent toutes les autres.

Elles sont peu, puisque le nombre de riches du monde est aussi infime au milieu d'un monstre effectif d'habitants de la terre, il est gênant d'en parler. Tandis qu'au courant de la longue histoire humaine, il ne figure un riche qui tente un jour embrasser un pauvre à toucher son rang.

L'argent demeure aujourd'hui le centre de la vie humaine Presque toute la population mondiale le fait le sujet de sa vie.

Les américains pour leur part le confirment en ces mots: « « **The time is money** » » Et on voit pour bon l'organisation de leur société sur ce papier de monnaie, où mensuellement de redevance envers les compagnies qui offrent des services de base. Ils comptent le primer au-delà de tout, cela sousentend que l'argent reste le moteur de la vie américaine. C'est au contraire le concert des grands aux stratégies de décupler leurs richesses au dépend des plus pauvres. L'infime minorité des riches est le seul à jouir tous les privilèges de la vie. On arrive à ces mots : que « « **L'eau va à la rivière** » » C'est pertinemment vrai du courant capitaliste qui orchestre tous les biens ; tandis que trois quarts de la population du monde pataugent dans la misère. En tout cas, l'homme ne peut à son compte résoudre ce problème majeur. C'est à Christ prochainement dans son royaume il y aura l'égalité de tous les humains.

B- Ma lecture sur la vie humaine et de ses fins

J'effectue une lecture profonde sur la vie et je persuade en vertu de mes expériences vécues qu'elle est vaniteuse en ayant pour fond les écritures saintes, notamment l'inspiration d'un grand roi de la bible qui a marqué son histoire à savoir Salomon, celui qui sollicita de Dieu la pleine sagesse de pouvoir mener le peuple de Dieu, et pour bon sa demande fut agréée. Il est celui qui présenta dans l'un de ses livres, la vanité des choses.

Je comprends que la vie suit une trajectoire de disparition et elle ne peut apporter en route que la vie humaine comme objet principal de l'existence. C'est à mon avis trop idiot à celui qui veut trop s'accrocher à elle et qui considère l'argent comme principal mobile au-dessus de l'homme. Je ne veux qu'appuyer Vauvenargues dans ses dires que : « « **La vie n'a qu'un sens de vivre** » »

Pour dire vrai, depuis la nuit des temps, les penseurs et les chroniqueurs cherchaient à saper le bien-fondé de la vie, car, ils n'observaient en réalité qu'un exercice quotidien de travail inlassable pour nourrir le corps, en initiant à tout ce qui concourt à son mode de vie, juste le temps de concrétiser la période impartie à son existence, où il part inconscient vers sa demeure éternelle, ce que plus d'un considère comme néant, puisqu'aucune mort ne revienne sur la terre pour décrire le lieu de sa demeure. Allons vers les écritures saintes pour comprendre le sens de devenir de l'homme.

C'est juste un large exposé parabolique de Christ qui a confirmé le devenir de l'homme après la mort. Le médecin Luc de la Bible prit le soin judicieux pour le décrire en ces mots : « **Deux hommes de caractéristiques sociales différentes soumis tous sous la proie de la mort, celle qui ne respecte naturellement l'un ou l'autre. Le premier, un pauvre conduit par la misère qui se rendit souvent vers l'homme riche pour chercher de quoi à se mettre sous les dents, et ce dernier n'éprouvait aucun respect à son égard envers lui, comme c'est le cas coutumier. La mort soudainement a frappé à sa porte et l'a emporté vers sa demeure baptisée : « « Le sein d'Abraham » ». Bientôt, le riche allait subjuguer lui aussi sous la force du tyran qui le succomba, mais la parole précise son lieu de tourment dès son entrée.**

C'est ainsi il contempla non loin de lui, ce pauvre Lazarre sa visite de paix, par le biais de ses lèvres touchées.

Malheureusement, le patriarche, le rétorqua par des mots de désespoir, l'homme riche put connaitre qu'un abime lui sépara de Lazarre, au point qu'il entama un plaidoyer pour ses frères vivant encore sur la terre, pour lui c'est malheureux à celui qui mise sa vie angoissante. Un long dialogue qui se solda à rien à l'homme riche. Ainsi, confia-t-il au père Abraham le message de Lazarre en vue de prodiguer à ses frères de la terre pour éviter son lieu de cri. Luc 16 » »

Je comprends à l'issue de cette parabole une sagesse que doit chercher chacun dans la vie, non seulement de vivre à son prochain, mais de s'accrocher à Dieu le créateur qui tient la vie de tous, car, il va aboutir à son bonheur ou `a son malheur éternel.

Moise dans prière de sagesse au psaume 90 a non seulement décrit la valeur éphémère de l'homme, mais demande au Seigneur la logique de pouvoir consacrer son temps à cette sagesse. Car, dit-il tout passe vite et l'homme s'envole après son laps de temps sur la terre, ce que le patriarche mesure sur une durée de 70 à 80 ans. C'est ignorant à ce qui pense tout jouir dans cette courte durée terrestre sans une préparation pour l'au-delà.

Jugeons la fragilité humaine de ne pouvoir affronter les frappes à son débile corps, il ne peut non plus miser sa protection sur sa capacité économique, sociale et relationnelle. Le passage de l'homme dans cette vie est superflu tant qu'il s'amuse à tout jouir sans Christ. Il est vrai, il cherche depuis longtemps, conscient de sa faiblesse à s'assurer à un être suprême, le Très-Haut, le créateur ou l'ange déchu sa chute qui se déclarait être détenteur d'autorité sur la terre depuis sa chute. Beaucoup s'adhèrent à des esprits en guise de leur protection contre les macabres attaques de leur prochain. Pourtant, ils succombent souvent quoique assurance, c'est pourquoi son lieu sûr de protection réside indubitablement en Jésus.

Je suis témoin de la puissance divine et les attaques mortelles provoquées contre moi auraient couté à mon innocente vie. Je ne vante pas de l'intégrité envers Dieu, mais je ne pose encore aucun mal à mon prochain. Et je m'absous aux dires de Christ sur cette vérité : « « Qui frappe par l'épée périra par l'épée. Matthieu 26 v 13 » » Le bien suit le bien idem au mal. La nature elle-même est passible d'exemple à la production de toute chose et le

chimiste Lavoisier eut raison d'affirmer que : « «
Les mêmes causes produisent toujours les
mêmes effets » »

Je veux dire clairement qu'il reste méchant à
l'homme d'agir mal à son prochain, parce que
c'est condamnable devant le créateur. Ce qu'il
doit pertinemment savoir c'est que les actions
humaines terrestres constituent sa préparation
pour l'éternité. L'homme n'a qu'une marche à
suivre pour atteindre son but, pour dire vrai,
toutes les générations humaines ont écouté la
voix divine, et sous aucun prétexte Dieu n'aura
des reproches en vertu de son temps accordé à
l'homme pour se repentir, ce que dit apôtre
Pierre dans sa deuxième épitre.

C- La recherche de l'homme

L'homme dit pascal est un sempiternel
explorateur, mais tout ce qu'il recherche
concourt à son orgueilleusement vie. Il est vrai,
c'est du créateur que lui vient de droit de
domination de la terre. Qui peut ignorer son
pouvoir, du fait qu'il soit au centre de la vie, le
producteur de toute chose, le seul des êtres
créés intelligibles à pouvoir réfléchir sur son
environnement. En jugeant profondément
l'exploration humaine arguant je comprends
qu'il diminue son espérance de vie à cause de

la destruction des composantes naturelles qui constituent l'essence de sa vie. Peu de gens du monde animent de sagesse de pouvoir banaliser les choses en consacrant plutôt leur au Seigneur. Il est construit par son antérieur. Affecté par l'ange déchu ce qui l'attache tant aux choses vues. Satan épouse en lui l'intention uniquement au plaisir de la satisfaction de la partie somatique qui est issue de la terre et qui se doit selon le créateur de frayer enfin la voie du tombeau. Pourquoi l'adversaire de Dieu se mise-t-il autant sur cette faible partie humaine ? C'est à mon humble réflexion, claire et sublime son passage de pouvoir atteindre l'âme humaine qui gardera une existence éternelle.

Le locataire de l'enfer a pleine raison de perpétuer sa persécution contre l'homme, le misant sur les soins et la satisfaction de son enveloppe corporelle qui ne garde qu'une histoire éphémère, alors que son plan macabre atteigne essentiellement son âme destinée à une éternité qui peut être heureuse dans la présence du Seigneur, ou malheureuse avec lui dans la géhenne.

La vraie recherche de l'homme sur la terre c'est l'organisation de moyens à la satisfaction de ses soins corporels. Autant qu'il respire. Pour dire vrai, il lui impose un défi quotidien de pouvoir se nourrir ou d'assister le corps aux sois nécessaires qui risque à tout bout de champ de décomposer sans un accompagnement, mais il ignore son intérieur le plus important devant Dieu, ce que convoite aussi le diable, car cet être intérieur en outre, l'âme est éternelle, elle va connaitre une existence aussi bien éternelle, alors Satan se sentira heureux en compagnie des hommes. Pour l'accomplissement de sa mission, il inspire à l'esprit humain beaucoup de dogmes, celles qui questionnent L'existence du Dieu créateur, la philosophie par exemple est cette science liée au questionnement de Dieu. Ceux qui s'adhèrent l'ignorent. Hélas ! Ce qui ne l'écarte non plus de ses maux comme tout humain dans cette vie et qui se doit enfin rendre l'âme pour se vouter dans la poussière. L'homme est absous à ses manœuvres macabres sans rendre compte du coup de ses peines éternelles. Voyons l'homme au creuset des misères, il ne peut s'y écarter à sa cause de son châtiment originel, fruit de la désobéissance de ses premiers ancêtres. En vertu de son passage éclair laissons parler le psalmiste David en ces mots : « l'homme ses jours sont comme l'herbe, il fleurit comme la fleur des champs, lorsqu'un vent passe sur elle n'est plus, et le lieu qu'elle occupait ne le reconnait plus. Psaumes 103 v 10 » »

Il est tout court à l'homme de tester son corps par le dégagement de puantes odeurs issues d'une journée loin de la douche pour comprendre son état corruptible et débile lié à son origine de poussière. Point n'est besoin à lui de se vanter de sa corpulence qui succombe souvent au poids de la maladie ou d'une simple décomposition. Le cas d'un ami qui m'apprend un jour sa tombée en syncope après avoir mangé en famille, dans sa sieste, il tombe se reconnait après trois jours hospitalisé, il ne pouvait par la suite saisir le numéro de téléphone de personne. C'est ainsi qu'il a pu découvrir non seulement la futilité de l'homme, mais déceler aussi bien la grandeur de Dieu qui lui remettait à la vie.

D- Mes compréhensions sur la vie

Il épouse en moi une lapidaire réflexion sur la vie. Mais, avant tout j'y vois sa banalité tout simplement je m'appuie sur les dires de Salomon qui qualifiait selon ses expériences, vanité à tout ce qui existe. En observant les efforts ardus humains pour accomplir leur dessein si important, tout reste inscrit dans un répertoire farfelu qui ne garde qu'une courte durée de vie, après quoi tout disparait sous le soleil.

Il accusait méchamment ce qui misait tout son temps aux sacrifices des choses futiles de la vie. Lui qui a tout joui, et de son époque le plus honoré des rois de son temps, voyait tous ses privilèges comme exposés au vent et ne suffisaient pas à apaiser ses insatiables désirs.

Je comprends que la vie n'est profitable à personne, en dépit des moments apparemment heureux qu'on jouit. La fin va jeter l'ombre et l'opprobre qui dissimulent les avantages. C'est à mon avis trop idiot à tout ce qui veut occuper une place primordiale dans les avantages sociaux, mettant en arrière- plan les humains au dépend de ses richesses douteuses et vaniteuses. Pour dire vrai, quoique l'homme soit l'auteur de toutes les productions des choses de la vie, il est aussi le plus hébété au sein de la création à placer le créateur hors de cause, mais on reproche toujours son ennemi Satan qui convoitait sa prestigieuse position.

Il ne cesse d'induire l'homme en erreur, le seul des êtres créés convoité de l'ange déchu. Tout comme le créateur le fait sa pleine projection, il en revient de même à cet ange de le cibler pour frayer la voie de la perdition éternelle en sa compagnie. C'est juste une lutte sempiternelle entre le bien et le mal depuis le jour de la désobéissance du couple édénique.

Qui peut des humains l'affronter à aisance quand il utilise tous les manèges possibles pour gagner autant d'humains possibles.

E- Ma preference

Au niveau séculier, je préfère une vie rustique, d'un silence profond du jour et de la nuit, où j'auditionne le bruit des oiseaux et des animaux qui expriment en des chants les merveilles du Seigneur. C'est à mon indicible joie de s'asseoir dans une cour en plein paysage, observant les oiseaux de basse-cour en si grand nombre qui se mêlent dans une ambiance de promenade dans les champs.

J'aime le silence, loin des vacarmes et des bruits des véhicules en milieu urbain qui perturbent. Je juge négativement un peu ceux qui laissent la campagne pour s'acoquiller en ville. Mais, privé de services de base sociaux, ils obligent à la quitter pour la recherche de mieux. Là, je reproche sans réserve les gouvernants qui n'élaborent jamais de projets sociaux en faveur du peuple. Ayant manqué d'infrastructures comme écoles, centres professionnels, centres universitaires etc., tout le monde entre en ville.

Quant à moi, la campagne est un lieu de prédilection qui se croit le meilleur pour la vie. Espace peu affectée de pollution, où le vent est parfait, moins de risque à la santé, contrairement aux centres urbains où la pollution domine et la santé des gens est branlante.

Je préfère éviter la foule où l'on risque d'être victime des gens mal intentionnés, c'est pourquoi, je ne me porte jamais à la curiosité des faits, comme un journaliste à couvrir les évènements. J'attends toujours qu'on m'apprenne le fait sans être le témoin oculaire, évitant tout dérapage qui couterait à ma vie. J'aime une vie de paix, loin des disputes qui sautent trop mon cœur.

Je suis un téméraire, non un guerrier qui se croit vaincre à tout bout champ mon ennemi. C'est pourquoi, je fuis toute situation confuse qui peut entraver mon moral, quand les entraves feraient pour longtemps l'objet de mes profondes tristesses. Un caractère tiré de mon feu père qui gardait à forte aversion des bruits dans son environnement. Il pensait tout livrer à quiconque en voulait même à ses biens. Même si les drôles situations le dépassaient, il s'arrangeait pour en sortir heureux au bénéfice de son émule pour ne pas laisser une haine à quiconque.

Il n'avait au cœur personne et s'apprêtait à dialoguer à tout le monde, en dépit de ses mines si sérieuses présentées à chacun. Je suis de son acabit généreux qui attire beaucoup, sans être pourtant impliqué aux affaires louches du monde je m'abstiens de tout immoral qui se croit livrer à qui bon lui semble dans cette vie sociale fragile, celle que j'en fais long feu à étudier. Ma percée d'étude sur la vie me laisse déduire le comportement à afficher pour plaire à Dieu aussi bien au prochain qui m'entoure.

Et j'en déduis qu'il est fort impossible à l'homme d'aimer Dieu s'il hait son frère qu'il voit, selon les dires de l'apôtre Jean dans sa deuxième épitre. La première personne à qui doit partager son affection est l'homme qu'on voit, ce n'est jamais Dieu l'être invisible, j'en saisis cette axiome et j'en prends du soin à l'accepter, faisant de mon prochain un être important à qui je dois partager toute mon affection.

F- Mon opinion sur l'homme

L'homme reste à mon avis un être mystérieux dès sa formation. Il se prêt à équivoque depuis la création. L'écriture sainte nous informe tant de sa constitution de matière. La dernière de l'œuvre créatrice de Dieu tirée de son portrait de poussière avant d'insuffler dans ses narines le souffle de vie. Soudain, il eut le temps de saisir le sens de son entourage et de comprendre qu'il fut le seul des créés à pouvoir exprimer à son créateur. Cependant, Dieu confia à ces deux êtres humains les charges de multiplier d'autres êtres sur la terre. Ainsi, conviennent-ils d'embrasser cette grande mission pour achever l'œuvre créatrice, ce que je traduis de la participation de l'homme dans cette gigantesque œuvre.

L'homme reste le point central des créatures, et il détient du Seigneur l'autorité de dominer sur toute chose. Nous pouvons saisir sa raison d'être quand il se croit animer d'intelligence de tout faire, ce qu'elle tire du maitre créateur et que David dans ses dires dithyrambiques à propos de l'homme affirme qu'il soit un petit dieu, et l'auteur de l'épitre aux Hébreux pour sa part avance qu'il soit peu inférieur aux anges. La différence c'est sa partie matérielle animée par un esprit qui la rend mobile.

En jugeant la niaiserie qui amène à son existence sur la terre, en outre un vilain plaisir qui expulse du sein de la femme un liquide qui se transforme en un être vivant, un mystère produit chaque jour et qui tient l'homme à l'existence encore quoiqu'il soit aussi l'observateur de sa disparition objet de son châtiment de péché originel. Je comprends la juste cause de son existence qui selon moi témoigne la gloire de Dieu et qui reflète sa toute puissance, puisque l'homme reste au centre de la vie, le seul des vivants à pouvoir jouir de l'intelligence à la gestion de la terre, et de fait, il travaille incessamment à organiser sa courte durée terrestre qui se mesure sur une pitance de temps. A mon humble avis, il détient toutes les capacités qu'il faut pour tout produire, mais convoité par l'ange déchu qui l'a subjugué au poids de ses péchés. Ainsi, il paie lourd prix de ses souffrances qui le conduisent vers une demeure éternelle de tourment. C'est pertinemment les justes raison de l'envoi du fils de Dieu dans les régions de la terre en quête de l'homme qui s'est jeté au cachet depuis son péché en Eden.

En regardant le pouvoir humain et son rôle si prépondérant dans la vie, on va juste comprendre sa position par rapport à son créateur, son intelligence partagée pour devenir inventeur de certaines choses sur la face de la terre.

G- L'homme par rapport à Dieu

Comme dit précédemment que l'homme reste le produit de Dieu le créateur, toutes ses actions s'inspirent du pouvoir divin. Il est au centre de la création et détient son droit de la transformer au mieux de subvenir à sa courte existence terrestre. Quoique ses interventions détruisent au contraire les composantes de la nature et les retombées coutent cher à sa vie. Mais, sa haute capacité d'action est la seule capable de produire autant que l'univers existe, il a besoin de l'homme pour le gérer tant bien que mal.

Par rapport à Dieu, il se doit de manifester sa pleine révérence, du fait qu'il soit de tous les créés le reflet de sa gloire et en jouit le pouvoir de gérer toute la création sur la terre. Il va même au-delà de sa limite terrestre, quand il explore les planètes si lointaines de la terre. C'est de Dieu que lui vient cette géante valeur à laquelle il produit des merveilles. L'homme est près du divin créateur en tout, en dépit de l'influence du malin qui semble occuper son être, ce dernier s'est usurpé, toutes les valeurs humaines viennent d'un seul et unique endroit, des cieux, auprès de Dieu. J'observe l'homme au creuset de son labyrinthe malheureusement, il souffre provoque de sévères cris, pourtant il s'est ri des autres qui absorbent les mêmes angoisses, il ne peut en rien voler au secours de l'autre. Je contemple l'homme dans sa marche terrestre, tantôt longue au gré du seigneur, et la première génération humaine en était une preuve palpable, de sa longévité de 970 ans, en dépit de son écart à Dieu, cette génération étant disparue au déluge, ainsi commençait la plongée incessante de l'espérance de vie humaine jusqu'à cette minime durée de vie si longtemps exprimée par Moise au psaume 90 de 70 à 80 ans.

En étudiant profondément la constitution de l'homme : sa matière issue de la terre selon la parole sainte, je peux arguer sans heurt sur l'égalité de tous les humains. En dépit des couleurs qui constituent en différentes ethnies de la terre, elles subissent toutes le même sort. Elles obéissent aux lois de la maladie, elles souffrent tant avant de retourner à l'origine. Point n'est besoin à l'homme de trop se vanter de sa couleur, ses biens, ses connaissances, sa dignité dans la vie terrestre, il part enfin vers sa demeure de châtiment qui est le tombeau.

Ce fut sa rétribution au prix de la désobéissance des premiers créés, mis au jardin paradisiaque d'Eden.

Je comprends que le cout de ce péché frappe fort les humains et détruit tout bonnement sa partie visible, corruptible et éphémère, avant d'atteindre sa partie immatérielle qui est éternelle qui se doit de vouer à l'éternité heureuse ou malheureuse.

Bref, j'estime que l'orgueil humain le prive de sagesse pour saisir son état si débile qui se croit d'obéir aux frappes à son corps. Une légère décomposition suffit à le jeter dans une minable situation propre à l'écarter des autres. Je réalise que tout effort humain et sa haute force de pousser son corps et son orgueil dépend exclusivement de Dieu qui tient en de bonnes mains la vie de tous.

Tirons de l'écriture sainte deux grandes figures des hommes qui s'exaspéraient de leur pouvoir, se croyant être placé au-dessus du Seigneur, mais abasourdis sous leur affreux orgueil. L'un fut cruellement humilié pendant sept ans comme roi sur la cour de son palais, l'autre noyé dans la mer Rouge en compagnie de son armée.

Loin de traiter l'orgueil humain, j'y vois ce concept comme facteur à l'élévation de l'homme et qui à l'appui des éléments précités manifeste sa valeur, pourtant il est loin d'être puissant à son corps devant le danger. Quoique son intelligence poussée à des actes prodigieux à de sa vie en face de ses ennuis comme la maladie, il crée à partie de la transformation des éléments naturels ses propres malheurs. Les hommes sont égaux devant la maladie et la mort.

Certains peuvent me contraindre au sens que l'argent peut expliquer tout simplement la différence, je les évoquerais l'effet du corona virus qui n'accordait chance ni aux riches ni aux pauvres, tout a été en même temps sa cible. Je n'ignore pas non plus le développement d'une race par rapport à une autre, c'est de Dieu cet apanage, quant aux malheurs tout est exposé.

Pourtant, de nos jours le paroxysme du péché dans le monde affole la mesure d'âge humain et on assiste à sa descendance si vertigineuse de 5, 20, 30, 40, 50 ans. Il est un peu rare aujourd'hui que l'homme atteigne aisément l'âge mentionné par Moise.

Le roi Salomon parle de la poursuite du vent tout ce qui existe qui s'apprête à disparaitre. Il minimise tous les grands efforts de l'homme au sacrifice des activités qui concourent à son éphémère vie. Je suis témoin oculaire d'un homme élevé de mon quartier résidentiel qui ne négociait pas même un jour de ses durs travaux, quand il initiait surtout sa vie au volant de véhicule quotidiennement. Pourtant, sa triste de fin était marquée par une simple décomposition de trois jours, où il a rendu l'âme, laissant ses intérêts pour lesquels il se sacrifiait tant au profit des ingrats. Disons le quoique sa famille qui l'oubliait déjà pour jouir de ses biens.

La vie bidimensionnelle de l'homme au début mentionnée l'enregistre en deux périodes qui sont : le temps et l'éternité. Je viens juste de camper son parcourt terrestre dans le temps dans lequel il s'est entrelacé dans un labyrinthe, où il s'est épris jusqu'au tombeau, car, il se doit à chacun d'arriver à ce carrefour fatidique de sa vie qui marque le châtiment du péché d'Adam et Eve. En ce sens, tout ce qui est né de la femme est en face de la mort, pour dire vrai, la bible en offre deux exceptions d'hommes qui n'ont pas connu la terre. Hénoch et Elie, en sommes exemple de ceux dans la nouvelle alliance qui échapperont du tombeau.

C'est pourquoi Christ dans la transfiguration sur la montagne () fit paraitre au vu des disciples deux figures d'histoires différentes, celle de Moise, traduisant les morts en Christ et d'Elie pour ceux qui ne connaitront pas la mort physique, apôtre Paul pour sa part en deux occasions en a fait mention. Mais, l'apôtre précise qu'il vive ou qu'il meure, il est au Seigneur.

H- Relations interpersonnelles

Du fait que le créateur intima l'ordre aux premiers créés de peupler d'humains sur toute la surface de la terre, il interpelle depuis lors la vie commune. L'existence de l'homme en réalité dépend l'un de l'autre. Il n'aurait aucun sens à ce qu'il prive de relations interpersonnelles. D'ailleurs, tout homme trouve son origine de la part d'un autre et cela depuis la création.

Personne n'ose nier la valeur de l'autre sous prétexte de flatter son orgueil qui ne fait que le figer en peine. Chacun possède en lui la forme entière de l'humaine condition dit l'écrivain français Vauvenargues. La relation interpersonnelle reste une nécessité à chaque vivant. La coexistence des êtres développe la vie entre eux.

On se rappelle de la bible, l'état primitif de tous les créés qui eurent tous compagne, bien avant la création de l'homme. Adam fut selon les écritures lequel à donner à chaque espèce animal son nom, pourtant, il ne put tirer aucun d'eux son semblable. Ce fut au cœur de son amertume, Dieu allait l'hypnotiser pour lui extraire une cote au mieux de la formation de la femme. Et, par son expression de son réveil, retenons ces mots : « « Voici celle qui est os de mes os et chair de ma chair, on l'appellera femme. Genèse 2 v 7 » » Il faut admettre que Dieu pourrait dans sa providence créer tout le monde par la parole, comme ce fut le cas des autres créatures, mais, il offrit cette tâche à son semblable, l'homme qui participe encore à ce vaste peuplement d'humains sur la planète. L'homme se doit de lier ses relations aux autres pour les raisons suivantes : services et besoins, ses forces morales et sa sécurité.

I- Services et besoins

A cause les nombreux besoins auxquels nécessite l'homme sans cesse, il en faut à son compte de services fournis par les autres. Tout ce qu'il a besoin provient de la production de l'autre. Ses habits, ses chaussures, ses nourritures éléments indispensables à son fonctionnement tiennent lieu des efforts d'autrui. Même s'il en dispose un cout à leur production, on a besoin obligatoirement des efforts humains. Ainsi, il devient le transformateur des choses naturelles à ses propres besoins.

Comme seul être intelligible des créés de la terre, il est chargé de gérer la vaste planète terrestre. Il est vrai, il transforme au négatif ce qu'il a reçu du Seigneur, et que maintenant, il en souffre de sa mauvaise gestion, Dieu aura sous peu procéder à son jugement pour le questionner de son mal produit sur la nature. On a besoin de tout le monde dans la vie pour les moindres services. C'est ainsi avance cet adage « On a souvent besoin d'un plus petit que soi » »

L'homme malade en quête de santé doit nécessairement consulter un médecin, un chauffeur de moto, ou un moyen de transport quelconque pour l'amener au centre hospitalier. Même à la mort il en a besoin les autres pour le porter au lieu du silence. Personne n'est autosuffisant, si quelqu'un le croit ainsi, il s'anime d'un égocentrisme qui risque de le plonger en sévères souffrances. Que tout homme mesure son orgueil, il est vrai, il est du diable cette mauvaise vertu, cet ange rebelle qui l'a induit à la désobéissance a produit soudain en lui son mal objet de sa chute.

Souvent dit l'orgueilleux qu'il n'a besoin de personne, parfois ce sentiment hautain l'amène dans un carrefour de besoin des plus proches, où la honte l'empare à l'issu de ses mots d'orgueil. Pourquoi arriver à ce stade emporté par l'égoïsme pour prononcer qu'on a besoin de personne dans cette vie si ingrate ?

J- Ses forces morales

Le soutien de l'homme aiguise la vie d'autrui. Dieu a raison de donner naissance à la famille, afin de placer l'homme dans une ambiance de vie commune en vue de garder le qui-vive de sa morale. L'être choqué a besoin les mots de l'autre pour l'accompagner en outre, il se croit perdurer dans sa peine au travers de sa situation.

Quand l'homme est assisté de son prochain dans ses circonstances, il est stimulé de joie et apaisé un peu. C'est pourquoi, le médecin avisé dispose du sourire au patient pour apaiser un peu ses maux, c'est aussi contraire à celui qui le présente un caractère difficile et si sérieux qui accroit ses souffrances.

Le savoir-vivre demande à ce qu'on partage le sourire à ce qui souffre, même s'il est auteur de son mal, en évitant de le dire cette vérité.

K- Sécurité

Comme être fragile au dépend des corps étrangers, il nécessite une espace sécuritaire pour protéger son enveloppe corporelle sensible aux attaques quelconque. La destruction humaine provient de ses proches qui aspirent au mal, en créant un environnement dangereux, de là, il ne peut jouir de sa vie. C'est effectivement cette réalité qu'Haïti est en train de vivre de nos jours, où des groupes armés ont investi la capitale du pays rendant dangereuse la vie de tous. Ce qui incite plus d'un à fuir le pays, ceux qui ne peuvent pas voyager, vident les lieux de la province au mieux de se protéger contre les attaques méchantes des bandits.

Il a besoin de se placer à couvert contre les dangers, sinon les attaques des projectiles le conduisent au tombeau. Même les hommes armés ne sont pas pour longtemps protégés, puisqu'il arrivera un moment d'être touché, en dépit de son arme.

Chapitre XIII

Ma vie au regard d'un monde qui s'effrite

J e vis dans un monde qui s'effrite, qui, à mon avis file comme un vaisseau spatial, apportant à son passage éclair toutes les bonnes valeurs de l'homme. Celles qui se noient au bassin de l'immoralité qui extirpe orageusement de l'homme ce qu'il a de positif jadis. Je découvre de nos jours un autre type d'hommes farouches, mais décrit de la bible et sous les plumes inspirées de Paul dans son adresse enfin de ministère à son compagnon Timothée.

Il a présenté un tableau de mœurs humaines hideuses qui font peur, car, on y décèle tout ce qui est négatif et qui rend agressif l'homme qui se doit de vivre en parfaite unité. Pourquoi ces caractères tendent-ils à produire en lui ce qui révolte Dieu et ses semblables ?

Je comprends qu'il revient le temps au Seigneur d'accomplir sa mission sur la terre, en y établissant son règne, car, aux prises de la gestion humaine, c'est la méchanceté, le crime, le vol, l'insatisfaction, l'humiliation éprouvés par l'homme. J'observe un monde géré par des avides, une minorité de gens de la planète qui monopolisent les richesses de la terre, tandis que la grande majorité y bat son plein en misère.

Il élève en moi du mal à contempler tristement autant de gens du monde dépourvus. Dans tous les pays surtout avec ce système vampire appelé capitaliste qui ne compte en rien accompagner les pauvres, au contraire exploite la force humaine pour décupler ses richesses. Les plus cupides quoiqu'au risque s'y infiltrent pour devenir sous peu de gens fortunés, quand on voit sous leurs yeux 95% d'hommes en pauvreté.

J'observe un monde où chacun dans la course s'efforce lui-même à atteindre le but sans accompagner ses rivaux à but analogue. Ce que je compare à un tournoi et que chacun en veut gagner à tout prix. Mais comment se voit-il généreux de lier ses mains à son compagnon qui aspire à toucher la prime ? Là où sévit à grande hauteur l'égoïsme une rivalité hors pairs où chacun à tenir l'hégémonie économique et sociale pour être vu.

Comparant à la séparation d'un gâteau exposé sur la table sociale où chacun à la file indienne s'apprête à toucher pour tirer sa part, mais à mission chacun d'avoir la plus grande partie, ignorant dans la ligne combien de gens en arrière à y gouter au moins. C'est cette scène criante déroulée sous mes yeux et qui dissimule mon cœur si endolori. J'espère uniquement à christ qui établira sous peu son royaume sur la terre au profit des occupants de l'heure. Quant au règne humain coiffé par l'esprit malin, c'est du mal, et un chef d'Etat de regretté mémoire a pu dire en langue vernaculaire : « « Naje pou sòti » »

Je vis dans un monde où tous les hommes conçoivent un projet. Se croient-ils perdre tout, et ils en profitent le temps, travaillant sans merci pour réaliser leur but. Chacun pense au temps qui file, ayant en son sein un tyran qui détruit, et seuls les plus intelligents atteignent le but. De ce fait, il se met chaque jour au boulot, convoitant l'espace pour la satisfaction.

Deux types de gens partagent la vie. Le premier qui devient de jour en jour peu aspire au travail, il développe son intelligence pour s'accommoder à la réalité humaine qui n'est autre que le travail pour garder vitale sa partie somatique. Peu de gens travaillent de nos jours, orchestrant leur force, se trouvant possible d'initier aux pratiques illicites pour organiser leur vie. L'autre type observe autrement la vie, au regard de la futilité et la vanité, pense que c'est trop inutile d'initier aux efforts quand tout va périr, et l'homme le dénominateur commun en est aussi au cible du tyran. Point n'est besoin en ce sens de développer de pénibles travaux pour saisir la vie.

De ce nombre des voleurs, criminels, sorciers qui entreprennent des activités immorales et méchantes dans ce monde. Eux qui ne tiennent compte d'aucune pudeur, rejetant tout culte de moralité qui formalise trop l'existence humaine, le mettant au labyrinthe social. Que d'autres du nombre, imbus de pénibles travaux pour organiser la vie, consultent des esprits démoniaques qui disposent de quoi à tous ceux qui veulent engager leur âme au mieux de vivre heureux sur la terre.

C'est ainsi qu'ils embrassent des activités apparentes, mais ont subtilement des esprits qui les produisent de l'argent. Ils sont nombreux dans la société haïtienne, surtout des hommes d'affaires qui craignent les rivaux qui souvent détruisent leurs activités par différents procédés magiques.

Je suis de la société, immisçant aussi aux affaires, comme curieux je tente tout à la recherche de mieux. Jamais au silence, attendant l'apport des autres à mon secours. En dépit de mes géants efforts en quête de mieux, je réalise qu'il existe pour bon de forces contraires qui obstruent la voie de la réussite de l'homme, c'est pourquoi les hommes du monde, certaines gens même à l'église sécurisent leurs affaires par des esprits malins. En ayant placé sous le sol des locaux des bouteilles magiques, ou des signes des esprits cachés qui inspirent la protection des activités.

Etant intégré aussi bien, j'offre quant à moi les miennes au Seigneur quoique j'épouse l'idée de l'existence de deux êtres suprêmes qui dirigent vraiment les affaires humaines. Le premier qui est au- dessus et divin ne peut être absout par son émule qui est le diable. Je n'ignore pas non plus le combat existentiel du bien et du mal, depuis le jour des cieux, le créateur eut pour adversaire un ange et de sa chute tombé sur la terre, s'efforçant Dieu à créer au jardin paradisiaque un arbre d'appellation : « « Arbre de la Connaissance du Bien et du Mal » » et à la suite de la désobéissance vint le péché.

Ainsi naquit automatiquement pour l'homme le combat auquel, il se doit de juguler jusqu'à son retour de la terre. Tout humain s'oppose à ce combat qui garde pour existence deux formes. D'abord, elle est physique dans le sens de durement travailler pour s'occuper de sa partie somatique qui est aussi tridimensionnelle. Elle est porteuse de deux autres êtres intérieurs (l'esprit et l'âme) qui l'activent. Cent pour cent humains mangent, condition sine qua non de la vie en ce sens, il entreprend quotidiennement de labeur qui lui concourt les besoins.

C'est de Dieu que lui viennent toutes les facultés intelligibles qui l'inspirent le pouvoir d'organiser sa vie ce qui est naturel. Pourtant, de l'autre côté, c'est au serviteur et servante du Seigneur un combat spirituel l'opposant au péché qu'il se doit sans cesse d'éviter pour demeurer dans la présence de Dieu, en devenant enfin à sa stature parfaite pour la gloire éternelle. C'est obligatoire de l'affronter, le diable, l'adversaire de Dieu dispose quant à lui à ce combat de puissants agents angéliques et d'autres stratégies de persécution contre tous les partisans de Christ. Il confirme cette œuvre poursuit sa course jusqu'à la porte du ciel. Ceux qui n'acceptent pas Christ ne sont pas en son collimateur, il les gère de manière à nourrir uniquement le corps, sans aucun égard de l'âme qui garde une existence perpétuelle, tandis que la partie somatique deviendra poussière, le créateur après la transgression de l'homme a affirmé qu'elle dérive de la poussière, elle s'y retournera comme conséquence de la rétribution du péché. Ainsi dit Paul aux chrétiens de Rome : « « Le salaire du péché c'est la mort, mais le don gratuit de Dieu, c'est la vie éternelle. Romains 3 v 23 »

J'accepte ce combat auquel j'en suis sans cesse exposé depuis mon attachement au Seigneur. Et, comme dit tantôt dès le sein de ma mère. Car, en ce lieu je me nourrissais de la grâce de Dieu des louanges et de sa gloire. A mon âge si adulte de la moitié du centenaire, mes expériences si poussées de la vie m'octroient la foi davantage au Seigneur quand mes projets conçus atteignent leur but. J'en suis marié, ayant sur mon compte de bénédiction familiale cinq enfants, trois touchant déjà l'âge majeur, l'ainée, une fille s'est mariée depuis près de deux ans. J'en ai une espace à dormir, Dieu m'accorde sa grâce de pouvoir tirer de la vie le pain quotidien, je vis après vingt-cinq ans en relation intime à ma femme au foyer, sans un jour quoique certaines palabres fuir le toit marital. C'est à mon avis une grâce divine à laquelle j'en jouis quotidiennement.

Que puis-je encore espérer d'un monde qui file à vol d'oiseau, et à son passage éclair charrie les bonnes valeurs humaines, où on risque sous peu découvrir des lions d'hommes à travers les rues. Un monde cannibale est imminent, et la société haïtienne le manifeste déjà, quand un homme se voit de bruler son frère et en cours d'action mutile son corps pour déguster au vu de tous.

Les sorciers, les démons font surface partout dans le pays. Qu'est-ce qui tente atteindre une vie heureuse dans cette société où le mal est au rendez-vous ? Tout en est sa cible. A un moment où la sortie des citoyens dans la capitale haïtienne se mesure et les fréquentes attaques de kidnapping sont hideuses à tous. On garde prisonnier en maison même les plus hardis en temps normaux.

A mon avis, quasiment on perd espoir d'un lendemain meilleur en Haïti à la course de l'insécurité qui sévit méchamment dans le pays, où les armes se fourmillent autant sur le sol ce qui donne raison aux pessimistes d'un autre Haïti. Que puis-je avancer là-dessus ? J'aimerais avoir pour exemple le peuple Israël abasourdi aux poids de l'esclavage des Egyptiens. Mais, Dieu eut un jour pitié à ce peuple si opprimé, il fit naitre de son sein un être qui sera plus tard son libérateur.

Ainsi, vint pour bon l'homme sauvé des eaux, Moise à primordiale mission de rompre les liens qui figeaient le peuple de Dieu dans l'esclavage. Ne pouvant pas être témoin de son oppression accrue, il se mit soudain à l'œuvre, manifestant sa pleine revanche par un crime produit sur un Egyptien. Dans sa fuite pour se protéger contre la réaction du furieux Pharaon, Moise a reçu du Seigneur la vocation dans un buisson allumé qui ne fut autre que la libération d'Israël des Pharaon.

J'attends idem de Dieu un homme au cœur d'Haïti qui sera intimé d'ordre de sauver le pays accroupi dès la genèse de son histoire dans la pauvreté. Une situation qui devient de jour en jour pire par des politiciens véreux qui occupent le pouvoir et qui le privent de sa liberté. J'espère que l'intervention divine dans ce pays l'accordera un nouveau tournant et il se souviendra de son peuple à bout de souffle dans la misère depuis quand.

Contrairement aux pessimistes, j'ai pleine assurance que le Seigneur frappe ses pieds en faveur d'Haïti qui jalonne toute son histoire en crise. Quoique ses ancêtres esclaves purent rescaper du joug de la servitude des colons français. Ses fils se subjuguent aux prises de leurs siens qui prolongent jusqu'à nos jours leur peine.

Une Lecture de la vie sociale de mon milieu

Il me brule du temps à étudier minutieusement mon milieu, cherchant à saisir le sens de la vie sociale des gens qui fonctionnent à longueur du jour et de la nuit. Ce que j'en déduis est inquiétant, il me reste qu'à conclure par une interrogation : que deviendra l'homme en peu de temps à venir puisqu'il développe en son cœur une culture de mal ? Tout est animé d'un esprit de recherche de gain, faisant de l'argent son principal sujet de vie, et à son avide recherche embrasse le mal pour mobile, c'est pourquoi le crime se produit à vie courante. Une psychose de peur garde l'esprit de tous, ainsi le crime à monnaie courante se produit. Il est aisé d'auditionner des expressions incendiaires même à la bouche des mineurs qui n'ont pour exemple qu'une culture de mal. Une société corrompue qui n'offre pour modèle que du mal, c'est pourquoi cette génération s'inflige davantage à ce qui reste révoltant aux yeux de tous. Chacun aspire à son projet et désire le réaliser n'importe quelle façon, e ce sens comment éviter le vol, le crime, les castes du milieu, quand le chomage sévit à grande

101

échelle ? Il serait une gloire de voir évoluer tous les gens de la société, mais par quelle voie : Bien ou Mal.

La voie du Bien

La voie du Bien est celle que trace Dieu à la création à l'homme par le travail. C'est juste une conséquence de la désobéissance des premiers humains créés qui se solde aux efforts ardus de l'homme pour concourir à ses besoins en vue de gérer sa courte vie terrestre. Ainsi, il est confié à l'homme l'outil du travail comme principal mobile à son fonctionnement de sa partie somatique quoique selon les saintes écritures tripartite, mais le corps en est le porteur des deux parties immatérielles (l'ame et l'esprit).

Tout qui n'est pas le fruit du travail reste au créateur le faux. Il se doit de sortir des humains selon le vœu de Dieu, en conséquence de son péché. On comprend bien sûr l'intervention de l'ange déchu auprès de la femme l'induisant au fruit de l'arbre de la connaissance du Bien et du Mal, une offre qui développe en lui la paresse et de son mal le conduira sur la voie de la perdition. Ce qui résiste à son plan macabre, en ayant le labeur pour raison de sa vie attirera la bénédiction de Dieu. La voie du bien c'est pertinemment le travail, la manière d'embrasser son engagement et de respecter à dignité la vie.

La voie du mal

La voie du mal n'est autre que le sentier tracé à l'homme par l'ange déchu, celui qui usurpa de force le pouvoir de l'homme acquis de son Dieu créateur. La bible laisse comprendre qu'il eut eu des cieux une lutte entre Dieu et le plus bel ange de sa cohorte. Pourtant, il introduisit en son cœur le désir d'occuper la place du créateur, ce dernier le chassa de son camp et vint tout juste se faire occupant des choses terrestres, où il put chercher l'homme issu de divin créateur.

Mais, comprenons combien Dieu mit également au jardin selon les dires de l'auteur de la Genèse un arbre, jugeons pour qui explique la double existence, où les deux êtres suprêmes commencent une histoire, Dieu et son adversaire Satan. Quoique la création de cet arbre, il mit le couple en garde de son fruit, car il y résida la mort. L'ange déchu à sa mission de dévier l'homme de la voie du salut, il le conduisit sur le chemin du mal, en outre la voie de la mort. Cependant, nous interprétons l'arbre comme la vie qui se fourmille de mal, où il est aisé de le rencontrer à chaque pas de la vie à cause la terre aux prises de Satan.

Le mal est courant parce qu'il fraye la route à son maitre qui se doit de l'amener aux tourments éternels. Le mal est tout ce qui est contraire au bien et qui fait souffrir à l'homme. Bref, ce qui ne veut obéir à la voix du bien produit le mal et dans le contexte de notre approche, tirons le vol, le crime, la méchanceté dans toutes ses composantes, en cherchant l'homme à couvert de ses maux, il ne nait en son cœur que son mal de tout faire pour jouir de sa vie loin de Dieu, mais instruit et se nourrit de la pensée de Satan. Je comprends qu'il accapare tous les biens créés au mieux de conduire l'homme à sa pleine volonté, le mal qui est de son apanage se veut de Dieu en horreur. En prenant l'arbre comme sujet de tout acte négatif qui révolte Dieu, je réalise combien le diable s'en sert pour gagner le cœur de l'homme. En outre c'est le péché, la transgression de la loi du Seigneur qui tire son origine du premier acte de désobéissance humaine et qui jalonne toute son histoire. C'est en sortes, tout ce que hait le créateur que sert l'ange déchu pour conduire l'homme au lieu de perdition éternelle.

Chapitre XIV

Mon espérance en Dieu

J e persuade l'existence d'un Dieu créateur et je place en lui inouï ma confiance. Je crois pouvoir atteindre mon but, en terme de dessein sur la terre. Car, mes voies déjà franchies sont l'œuvre de sa main qui conduit ses enfants au bon port. Si je termine mes études classiques depuis près de trente et un ans, suivies de nombreuses autres études tant importantes à la construction de ma vie sociale, c'est pertinemment son soutien, non jamais lassé.

Si je construis une famille depuis 26 ans et ma femme m'offre en compensation à cette union un tribut de cinq enfants, c'est évidemment l'appui du Très-Haut qui m'accorde ses riches bénédictions. Ma demeure et mes exploits de voyage entrent dans son plan de destin qu'il a élaborés à l'origine sur mon existence. J'en trouve que rien n'échappe à son plan. Il le trace de manière à relever chacun en son temps. Sauf qu'il soit lent dans ses actions, contrairement au malin qui court à ses adeptes, les offrant de farfelues richesses, mais orchestrent leur vie de façon à frayer la même voie en sa compagnie. Moi, je garde pour toile de fond les écritures saintes qui présentent ses caractéristiques de père. Quoique lent en action, mais compatissant.

Lui qui connait la juste voie de l'homme, et le psalmiste au psaume 1e m'apprend que Dieu connait la voie des justes et celle des pécheurs qui mènent à la ruine (Psaume 1e v1-6).

J'ai saisi le sens de l'histoire du peuple Israël à sa sortie d'Egypte qui aurait pu franchir d'autres voies de libération, mais Dieu dans son omniscience persuadait les coups fatals qui attendaient le peuple en chemin. Allongeant celui de la mer Rouge auquel il allait magistralement montrer aux Egyptiens son plein pouvoir.

Il a non seulement séché les eaux de la mer, le faisant traverser à pied sec ce vaste océan, mais y fit noyer la grande armée des Pharaon. Parfois, c'est trop impatient à l'homme de suivre les longs pas de Dieu, tandis qu'il prévoit très loin les obstacles qui vont obstruer ses marches. Beaucoup laissent admettre que le Seigneur, en faisant la monture d'âne brule trop d'années en chemin. Pourtant, les routes boueuses et tortueuses ne peuvent être franchies que par ce type d'animal. La patience, selon Paul est une vertu de l'amour que chaque chrétien se doit d'épouser. Bref, la vie elle-même instruit à chacun cette bonne culture. Quand il faut attendre deux à trois mois à une plante pour jouir de ses récoltes. Certains brulent six mois, d'autres un an. La femme enceinte se doit de patienter de 7 à 9 mois pour mettre au monde son enfant. Dans l'intervalle, elle souffre, se sentant parfois à bout de souffle.

Selon les lois de la vie c'est une obligation à elle de faire long feu pour atteindre sa délivrance. Il n'est jamais automatique à l'homme de trouver quelque chose à sa satisfaction, sans payer un effort quelconque. Quoiqu'elle provienne effectivement de la nature, mais il exige à l'homme les temps et les efforts pour les conquérir.

Dieu fait naitre en moi cette culture de patience, quand mon insistance dans vingt ans m'octroie un visa américain tant convoité dès mon enfance. Mes premières tentatives à sa recherche en 1993 se soldaient à l'échec. Il me fallait attendre 2013, vingt ans accomplis pour l'écoper. Tandis que j'ai essuyé trois échecs suivis. En 2010, sous la demande d'une haïtienne au social dans le pays qui m'avait invitée par une missive, en présentant à l'ambassade américaine, j'ai été refusé du consul.

Quelques mois après, en Mars 2011, j'y présentais à nouveau, quand le consul m'avait boudé la demande. En 2012, à pleine assurance, j'ai rebroussé chemin de l'ambassade, réclamant de part et d'autre des requêtes de prières pour la réussite, hélas ! J'ai été encore une fois échoué. Ce qui aurait jeté sur mon corps de l'eau froide pour enlever tout désir de cette quête de visa. Pourtant, un an après, je formulais le plein désir d'y retourner, cette fois-ci, envoyé du ciel par le biais d'un homme de Dieu, m'appelant au téléphone pour la confirmation de ma délivrance, lui qui ignorait mon projet, en me prodiguant un seul conseil de lire un passage biblique de l'Exode 15 v 1-21.

Après l'avoir lu, j'y déduisais le moyen auquel le peuple Israël put libérer des bourreaux d'Egypte, se comparant à ce que Dieu dispose pour moi aussi au travers de ce passage.

Je ne faisais qu'exhiber mes mains des cieux pour louer le Très-Haut qui attendait déjà mes prières. Pour dire vrai, un mois par la suite, mon retour de l'ambassade avait soldé par un cri de joie, en écopant le visa qui devait m'emmener aux Etats-Unis.

Il faut dire que j'appuyais uniquement sur ma foi pour tirer du consul le visa, car antérieurement je mettais en connaissance certains hommes de Dieu pour m'accompagner. Je voulais enfin tester ma foi et mon insistance en Dieu pour déceler ce qui se cache au pouvoir divin. Il s'était montré en ce sens très puissant envers moi. Mais, je n'y voyais qu'un brin de patience de pouvoir fouler autant le seuil de l'ambassade et qu'enfin il auditionnait mes cris et avait agi. Comment mon espérance impeccable m'aiguisait l'appétit de poursuivre mon but jusqu'à l'atteindre. Tel est aussi à mon ex-institution scolaire qui m'avait servi de médian pour ce voyage. Ce que timidement j'avais commencé d'un infime nombre d'élèves de 13 dans deux ans qui atteignait 250 en 2004.

Cette expérience me poussait à saisir la portée de la bénédiction du Seigneur à ce qui croit aveuglement à son pouvoir. J'ai vite admis en outre qu'il existe sous mes pas des obstacles, quand il n'est jamais aisé dans ma vie d'entreprendre une activité quelconque sans essuyer préalablement un échec. Force d'admettre cette évidence, il plane le doute en moi à tout projet, imbu de mon destin si lourd au progrès. Pourtant, mon obstination en prière suivie de mes incessantes actions se soldent souvent à la réussite. Point n'est besoin à moi d'agir à pleine émotion, quand de mon sang si cholérique, j'en trouve toujours bon d'agir à chaud à toute conception de projet. N'est-ce pas là aussi la juste cause de mes échecs, quand il faut attendre des cieux le mot divin, qui peut être lent, alors, je pars vite. Ce qui parait contraire à un flegmatique qui en patiente pour avoir succès.

J'en suis bel et bien conscient de mon farouche caractère. Pourtant, en dépit de mes peines en chemin, j'atteins ce qui de mon esprit l'intérêt. Je ne conseille à personne de pasticher mon caractère, comme il est de Dieu mon apanage, mon destin, quant à moi, le ciel m'accorde une grâce spéciale, en dépit de mes craintes éprouvées au cœur de la vie qui parait si inquiétante aujourd'hui. Tantôt, je crois que c'est normal à l'homme d'embrasser la besogne sans merci pour organiser sa vie, tantôt j'y vois sa valeur vaniteuse. Car, il faut tout quitter sur la terre pour frayer à vide le chemin du tombeau.

Et les choses laissées vont être utilisées comme butin aux ingrats de toute part. Combien je banalise parfois les efforts ardus des hommes qui ne se mesurent pas. Et Christ, en outre sur ce point se fixe en ces mots : « « Cherchez premièrement le royaume de Dieu et sa justice et les autres choses viendront par sur quoi.

Matthieu 6 v 33 » » Plus loin, il prodiguait aux disciples ce judicieux conseil de thésauriser leur argent dans les cieux, loin de l'affectation des insectes nuisibles. Faisant pour lui allusion aux choses flatteuses de cette vie terrestre à laisser après sa courte durée. Je ne vois pas au même œil la vie comme tout le monde. Je comprends qu'elle s'intercale entre le bien et le mal et oriente l'homme à la destinée qu'il prépare étant sur la terre. Cela veut dire que Jésus la trace de manière à préciser la juste voie qui mène à son père des cieux.

Je suis spectateur de faits alarmants, de crimes produits à chaque heure du jour. La convoitise de richesses constitue le rêve des avides. Les armes destructives couvrent toute la surface de la terre. Les fabricants en trouvent généreux de produire autant, ignorant les retombées fatales à leur vie, l'argent au centre de la vie préoccupe leur esprit.

J'assiste des hommes animés d'un unique désir de gagner de l'argent par n'importe quelle voie. Au niveau éducatif, je m'en souviens de l'intérêt accordé à l'éducation, où les professeurs jadis étaient non seulement motivés au travail, mais s'impliquaient également à la discipline de l'école. Aujourd'hui, on observe des professeurs cupides qui s'efforcent à rester en salle de classe, convoitant le jour du payroll.

Que deviendra l'homme dans cinq à dix ans, j'inquiète sur son avenir, car il court le risque de plonger au cahot à cause de son comportement agressif sans cesse affiché.

A- Ma vie de tâtonnement

Je me fais le narrateur de ma vie angoissante, aux turpitudes à mission primordiale de me figer dans le mal, soit la destruction de ma partie somatique, ou tout simplement enlevé en moi l'être intérieur sur quoi se fonde ma haute personnalité. Mes maux traduisent la croix à laquelle il incombe à l'homme de porter, surtout les chrétiens selon

Christ, quoiqu'elle me paraisse si pesante, j'en préfère souvent de la jeter au mieux de libérer ma vie de son sort.

Cependant, il est du Seigneur l'ordre intimé à ses fils de l'avoir au dos jusqu'à la fin. C'est pourquoi je ne prie pas Dieu de me l'ôter, mais de m'armer de forces pour la porter jusqu'au bout. Car, je crois que ma rétribution en vaudra davantage à mes souffrances d'alors. De là, c'est à mon humble avis son plan de me situer dans des endroits pierreux où franchissent mes pas si frêles, et je crois pouvoir atteindre surement le but. Mes projets entrepris ont souvent du mal à réaliser et j'en ignore ainsi les raisons. Sauf que mes pensées se trouvent surtout sur l'étoile et le destin de chacun dans cette vie qui court un sentier qui amène à la mort.

Chapitre XV

Ma préparation pour l'éternité

Comme ma famille et moi, mes frères et sœurs biologiques, mes proches amis et ceux de mon acabit chrétien, nous travaillons d'emblée en quête d'une vie heureuse dans l'au-delà. En ce sens, j'appuie sans réserve sur mon Seigneur qui la promet à tous ceux qui s'efforcent dans sa volonté.

J'en déduis que cette courte durée terrestre se soldera en une vie éternelle. Mais, il revient à chacun de préparer sa destinée heureuse ou malheureuse. Moi, qui ai part à la grâce de Dieu dès ma naissance ne peux échapper au salut, comment perdre de tels délices si longtemps jouis et qui doivent enfin constituer mon bonheur éternel?

Je ne peux soumettre aux passions du monde qui courent sur le train de la mode, ne craignant les obstacles très dangereux de la route que je juge très fatals à l'homme. Je comprends qu'il est de mon intérêt d'accrocher aux choses spirituelles pour assurer ma vie éternelle. Les temps épuisés par les âges incitent en moi plus d'assurance à saisir la grâce divine. Il n'éveille jamais en moi une idée préconçue sur l'existence de Dieu. J'ai toujours pour fond la nature, ce vaste univers qui se doit d'attribuer à un maitre, auquel Dieu est l'auteur certain.

Mais, j'étudie l'homme et les choses créés à nature éphémère, en dépit de leur croissance ils se disparaissent un jour. Et, l'homme pour sa part sera changé en un corps incorruptible avant sa rétribution de peine ou de joie. L'important pour lui c'est sa destination, en outre sa fin éternelle. Depuis le jour le créateur a eu son rival, la condamnation est venue, rendant l'homme prisonnier au péché qui doit l'amener au châtiment pour toujours.

Ainsi, une infime minorité de gens décide de suivre le maitre. Mais, du nombre, j'en fais partie et je dispose à jalonner les traces de la voie de Christ jusqu'au bout, c'est ma prière d'être avec lui un jour dans la gloire. Je suis écouté en ce sens et il tient puissamment mes mains au chemin du salut.

Je ne me vante pas de mon genre heureux qui se croit être exempt des souffrances de la vie, alors que je sois la proie de nombreuses angoisses. Et, tous les serviteurs de Dieu en sont exposés, mais je connais pertinemment que mes fins seront félicitées des cieux. C'est pourquoi je ne crains de subir les maux de cette vie, pensant surement être accueilli du trône de Dieu.

Personne n'ose enlever en moi mon intense confiance au Seigneur qui promet la vie à perpétuité à tous ceux qui croient.

Et, l'évangéliste Jean en ses mots confirme que « Dieu a tant aimé le monde qu'il a donné son fils unique, afin que quiconque croit en lui ne périsse point, mais qu'il ait la vie éternelle. Jean 3 v 16 » »

Cette véritable parole inspire en moi la pleine velléité arguant de suivre Christ. Force d'appuyer sa promesse qui demeure vraie pour toujours. Il existe une place réservée aux élus, à laquelle j'en ai ma part, j'active davantage pour l'atteindre. Paul, s'adressant à Timothée a confirmé qu'il ne revient pas seulement à lui, mais à tous ceux qui auront aimé son avènement (II Timothée 4 v 5).

Je ne crois avoir tant combattu comme Paul qui fut engagé au ministère d'Evangélisation, mais selon ma vocation en ma qualité de serviteur et ouvrier dans son champ il se soldera à moi d'heureuse rétribution. Comment ne pas encourager les autres à faire de même dans son travail, ce qui est bon, quand l'apôtre précise les caractéristiques des œuvres de chacun qui seront aux prises de feu pour évaluation, en présentant les matières de constitution solide et des superflues qui ne tromperont pas, à en croire Paul dans ses esquisses sur l'évaluation des œuvres.

Je ne veux être pour lui un faux ; un apparent prédicateur qui émancipe son art oratoire sous prétexte de développer le ministère de Dieu, quand ce dernier attend le jour final pour tout tester. Je n'ignore combien d'autres de ma trempe qui marque leurs œuvres au vu du monde, et le maitre n'en est pas satisfait. Plus loin, apôtre Paul affirme que la parole de

Dieu ne manque pas de prêcher, même par envie (Philippiens 1 v 15). Je veux au contraire produire des œuvres justes et dignes du Seigneur pour n'être pas enfin reproché le jour de la rétribution.

Je sais pertinemment qu'il produit cette grâce en moi de prêcher sa parole, et j'en profite pour la partager à cœur joie à tous, pensant qu'il en revient aux appelés de le faire. Alors que Christ confirme que la réticence de l'homme dans ce ministère d'évangélisation ouvre la voie aux pierres de prêcher (Luc 19 v 40).

Pourquoi faire fi au message de la grâce et de la vocation de Dieu ? En ouvrant cette parenthèse, je voudrais toucher le phénomène des fausses doctrines qui tend à gagner les rives, en ayant pour but d'extirper les chrétiens de l'Evangile du salut. Celui que Paul exhortait aux chrétiens de Corinthe d'éviter celui des anges par un autre (2 Corinthiens 11 v 4).

J'en suis témoin de beaucoup d'autres évangiles qui pullulent dans le temps, à mission spécifique de tuer aux cœurs des élus celui du salut qui est la base de la foi de chacun. La bible en parlait de leur apparition, et apôtre Jean mettait les chrétiens en garde contre eux, car les faux docteurs seraient au rendez-vous dans les derniers jours. Combien ils sont déjà dans nos murs en courant aux faux frères mal affermis.

Tout évangile qui nie la divinité de Jésus est faux et prêt à équivoque et confus, car Christ est Dieu. Il le confirme luimême (Jean 14 v 5). Ensuite sous l'inspiration du SaintEsprit, apôtre Paul affirme que Christ est l'image de son père des cieux (Colossiens 1 v 15). Je voudrais conseiller tous ceux qui lisent ce bouquin que l'adversaire, le diable active sans merci, déployant toutes ses forces pour accomplir sa mission de chute à laquelle des chrétiens sont aux prises de ses maux. Et, apôtre Pierre avance pour sa part : « « Soyez sobres veillez car, votre adversaire rode autour de vous comme un lion rugissant cherchant qui il dévorera. I Pierre v 8 » »

Par tous les moyens il œuvre ardemment, sauf les élus sont protégés, mais sont agonisés sous ses frappes horribles. Qui peut échapper de ses terrifiants coups ? Surtout à l'approche imminente de son jugement, il déploie sur toute la terre des agents en lutte contre les enfants de Dieu à l'accomplissement de son dessein qui est de faire compagnie de tous les hommes vers son lieu de tourment éternel.

Il ne pose pas ses tentacules uniquement dans le monde en cherchant les gens du dehors, mais il pénètre également le lieu saint, mettant sous ses griffes beaucoup de faux frères et sœurs. Christ en parlait dans ses sermons de ce cas, comparant aux ivraies qui seraient entremêlés aux blés. Les ivraies traduisent ceux que Satan fait naitre à l'Eglise, eux qui sont apparents sans fondement de la parole. Tandis que les blés appartiennent au Seigneur, eux qui par leurs œuvres par de judicieux témoignages encouragent les autres à y rester davantage, en stimulant aussi les autres à y entrer. Tous ces deux cadres figures se manifestent. C'est à l'homme avisé et inspiré de les identifier. Apôtre Jean nous apprend qu'ils sont du milieu de nous, mais ils n'étaient pas pour autant des nôtres (1 Jean 2 v 19).

Chapitre XVI

Une lecture sur le temps

temps. Je comprends qu'il court sévèrement et traine en I aiguise mon juste appétit de projeter un regard sur le

sa compagnie toutes les choses qui marchent vers leur fin. Tout comme elles ont été un jour créées, il est clair, elles toucheront sous peu à leur terme. C'est bien vrai, mon observation sur le phénomène du déclin de la terre est inquiétante, je compte découvrir une classe d'hommes à travers le temps hideuse, vu leur plein désir de gagner des choses vaniteuses, ils oublient toutes normes morales qui construisent la valeur humaine.

Mais, évoluant dans une sphère d'égoïsme où tout s'apprête à défendre ses propres intérêts. Il y va de soi difficile de s'entendre sur des points communs. Surtout ma société est exemple de dissensions depuis la genèse de son histoire qui mutilent toutes ses composantes. Le temps pour moi court vers des jours dangereux qui risquent rendre l'homme prisonnier l'un envers l'autres en obéissant aux désirs du mal qui occupent affreusement leur cœur.

Je comprends qu'ils sont innocents au dépend de l'action farouche du temps, qui, sans cesse produit en lui. Mais, conduit par une main invisible qui n'aspire qu'à induire en erreur tout ce qui est en son pouvoir. Il existe pourtant deux groupes d'individus bien spécifiques évoluant sur la terre. Ceux qui sont en infime minorité, mais s'inscrivent au livre sacré de la vie, ils sont uniquement connus du Seigneur.

L'autre groupe en majorité conduit par le diable, l'adversaire de Dieu. Cependant, aux prises du malin se trouvent également des inscrits au livre divin, auxquels Dieu intime l'ordre à ses pairs de chercher. C'est pourquoi Christ de dire à ses disciples « « d'aller partout le monde et de prêcher la bonne nouvelle, ce qui croira sera sauvé, ce qui ne croira pas sera condamné. Matthieu 28 v 19 » »

C'est clair tout prouve que le monde touche à sa fin et les signes du temps en sont manifestes, c'est pourquoi il revient à chaque serviteur et servante de Dieu de se préparer en conséquence. Le temps imparti au jugement arrive à son terme, un juste sursis accordé de Christ comme avocat du temps de la grâce pour échapper plus d'un du malheur éternel à venir. En ce sens, j'appuie les approches de l'apôtre Pierre, qui dans sa seconde épitre a confirmé aux saints que Dieu n'oublie pas ses promesses, c'est au contraire un délai qu'il accorde à tous de se repentir, ne voulant qu'aucun périsse (II Pierre 3 v 9).

Rien ne peut obstruer la voie du temps dans ses méchantes actions. Comme dit tantôt, il est mené par une main drôle qui n'aspire qu'au mal. C'est pourquoi, il est de toute évidence prudent à chaque chrétien de s'arranger pour que le train du mal ne l'emporte à son orageux passage.

Quand Paul parla aux chrétiens de Rome du salut plus près d'eux, il voulut leur parler de leur fin, car la persécution prochaine en vertu de leur foi en Jésus-Christ allait couter à leur vie. Mais, quant à ceux d'aujourd'hui, non seulement le tyran vit encore et continue dans toute son existence ses actions douloureuses et méchantes, mais Christ est prêt à son retour physique sur la terre pour accomplir sa promesse de règne sur cette terre qui sera transformée. Cela veut dire, on attend uniquement la mort, mais que chaque oreille soit auditive à entendre le son de la trompette de Dieu que parle apôtre Paul aux chrétiens de Thessalonique.

Il est vrai, le chrétien n'éprouve aucune crainte de sa demeure. Qu'il vive ou qu'il meure, il est au Seigneur, cette précision que fait l'apôtre précité. Les gens de Thessalonique qui éprouvaient sans doute crainte de la mort et de la disparition de leur proche. Paul, imbu de leur peine, les écrivit au chapitre 4 des versets 13 à 18 à la première épitre. Il les confirma le réveil des morts en Christ au son de la trompette de Dieu le premier, après il aura la transformation des vivants pour la rencontre du Seigneur dans les airs. Ainsi, disent-ils nous serons toujours avec le Seigneur. Consolez-vous les uns, les autres par ces paroles.

Ce texte enlève tout doute sur les chrétiens décédés qui pataugent aujourd'hui dans la poussière, mais qui seront bientôt réveillés en gloire. Cette même adresse aux Chrétiens de Corinthe dans laquelle, il les parlait de la résurrection comparée à un grain planté qui se lève, le juste de même aura à se réveiller en un corps glorieux. Que peut-on craindre de la mort qui est déjà vaincue et que l'apôtre le dit à la fin du chapitre 15e de l'épitre aux Corinthiens. Telle est l'espérance de ceux qui brulent leur temps aux services de Dieu qui attendent du jour ou de la nuit le moment de son enlèvement pour être avec lui dans la gloire. Paul termine ses dires au chapitre par un verset de réconfort à tous de « « Travailler de mieux en mieux à l'œuvre du Seigneur, sachant que votre travail ne sera pas vain en Jésus-Christ. I Corinthien 15 v 58 » ».

Les maux et les angoisses éprouvés aujourd'hui ne peuvent être comparés à la gloire à venir du Seigneur. Les chrétiens oublieront les peines et les souffrances qu'ils connaissent de nos jours dans ce corps. Ce que nous vivons aujourd'hui ne sont pas trop différents des gens antédiluviens. Et Christ était clair là-dessus en présentant une figure analogue de société à l'approche de son retour. Il affirme l'avidité des gens s'occupant de leur famille, épousant à l'esprit beaucoup de projets, ignorant ce qui devrait arriver, tandis que vint sous peu le déluge qui a submergé le monde esquivant une seule famille et un pair de chaque animal cachés au l'arche de Noé.

A- Construction des maisons aujourd'hui

Il n'est pas trop aisé d'identifier une espace visitée 5 à 10 ans pour voir autant de construction de maisons qui y sont fourmillées. C'est à mon avis une révolution à nul autre pareil dans l'histoire de l'humanité. Tout le monde conçoit à l'esprit un projet de construire un édifice moderne. En Haïti, les géantes constructions de béton font la une. Tenant compte de la configuration du pays et de la pauvreté du peuple, une construction de cette taille s'avère à chacun importante. Certains font fi des coups fatals à venir, préfèrent ériger un édifice de trois à quatre étages dans une ile si sismique selon les géologues. Le tremblement de terre du 12 janvier 2010 à

Port-au- Prince a bien prouvé leur apparence. On se rappelle des dégâts considérables enregistrés en cette triste occasion dans le pays, où les couts y restent payants après 12 ans.

La nature des constructions inquiète de nos jours et le laxisme poussé des dirigeants encourage les gens à procéder n'importe où à placer une maison sans une étude d'ingénierie des lieux, personne ne craint d'habiter n'importe où, vivant à la merci de Dieu.

B- Voyage

L'haïtien a cette culture de voyage. Peut-être je pense que son ethnicité lui vaut cette tendance au voyage, car il est de l'Afrique, il imprègne en lui l'esprit de retourner à ses proches. Cent pour cent haïtiens inspirent l'idée de voyager, c'est ainsi qu'ils y formulent de diverses manières. On se souvient d'un phénomène appelé Canter qui a pris naissance au NordOuest du pays en 1980 et qui jalonne son histoire jusqu'aujourd'hui.

De petits voiliers fabriqués à la main qui risquent de monter en haute mer pour atteindre la Floride des Etats-Unis. Ils ont été souvent échappés par les gardes- côtes de ce pays qui surveillent l'espace maritime dans un endroit appelé Guantanamo, ils ont intercepté les voiliers haïtiens pour les sauver de la mer. Un de mes amis a connu cette drôle aventure en 1992. Dieu merci, il avait foulé le sol américain, les situations sociales étaient à la base de sa sortie magistrale de risque.

En tout cas tout haïtien épouse l'idée de laisser le pays, surtout aux crises politico-économiques qui sévissent dans le pays, ils en profitent pour y sortir n'importe comment où plusieurs Etats du monde servent espace d'accueil à ce peuple angoissé par ses pairs. On se demande, s'il n'avait pas eu de lois à l'immigration pour le voyage, est-ce qu'il resterait de gens en Haïti, vu la velléité si poussée des gens de partir.

Les Etats Sud-Américains ouvrent de nos jours leur bras aux haïtiens : le Brésil, le Chili, l'Equateur, l'Argentine se mettent tous disponibles à Haïti. Il suffit aux haïtiens d'acheter leur ticket de voyage pour atteindre ces pays. Vu la désinvolture des dirigeants haïtiens depuis 1986, occasionnant l'effritement des valeurs, on voit filer toutes ses ressources au profit de l'étranger, et la Dominicanie son pays voisin en est le grand bénéficiaire.

Ceux qui y restent encore se résignent à cause de leur impossibilité, ils animent de l'idée, mais les moyens économiques les manquent. D'ailleurs, les pires enregistrés ces derniers jours incitent l'infime minorité de valeurs à fuir le sol haïtien, en raison surtout de l'insécurité qui bat son plein cruellement au pays, à laquelle n'échappe guère personne. Ce qui augmente de jour en jour le taux culminant de gens qui laissent Haïti, Beaucoup de pays, conscients de ce peuple aux aguets de l'insécurité ouvrent leur porte à recevoir les haïtiens. C'est ainsi on a observé horriblement nos compatriotes sous le pont de Texas des Etats-Unis, la partie limitrophe de ce pays au Mexique. Les haïtiens à profusion traversent cette espace pour fouler le sol des Etats-Unis.

Malheureusement, ils ont été sévèrement maltraités par les soldats frontaliers américains qui les ont lancés en pleine course comme des bétails. Hélas ! C'est le cri agonisant de tous les gens de la terre à l'action inhumaine produite par les soldats de ce pays, se rappelant des supplices des esclaves par les colons français. En dépit de leur drôle traitement subi, ils ont été déportés comme des animaux sauvages en toute humiliation dans leur terre natale.

La presse laisse entendre les péripéties qu'ils ont connues en route venant du Brésil ou de Chili. Certains ont rendu l'âme en chemin, d'autres dévorés par les bêtes sauvages et noyés en plein fleuve. Cette situation fait horriblement pleurer, voyant combien de gens en fuite en quête de mieux pour vivre.

Le peuple, paie-t-il un lourd prix en compensation à l'effort de ses ancêtres qui ont lutté pour se libérer des Français, en léguant cette terre à leur progéniture ? Le Dieu des cieux ne voyait pas noble ce peuple aux aguets des blancs Européens usurpateurs de biens des aborigènes et les noirs à substitution des

Indiens qui moururent en grand nombre aux travaux forcés de l'extraction de l'or du sous-sol.

Peut-on en dépit de tout charger les blancs du sort des haïtiens, quand un évènement fut inscrit à l'histoire de la nation naissante, marquant un triste début à la base de son histoire de peuple, la mort de Dessalines, le chef de file du mouvement des esclaves jusqu'à leur sortie du joug de la servitude des colons français.

Je reste malgré tout optimiste à une issue heureuse de l'état piteux du peuple qui s'inflige aux poids lourds de la misère, Dieu reste le seul à voler magistralement au secours de ce peuple pour qu'un jour, il puisse respirer un air de vie et de liberté. Le pire, c'est qu'il en paie un prix des siens, des dirigeants inconscients qui le plongent au bassin de son mal.

Hélas ! C'est qu'il en perd tout espoir d'un lendemain amélioré. Mais, cherche à habituer à son mode de vie si réprimé et inhumain. Il arrivera bien sûr le jour de la prise de conscience des dirigeants haïtiens, le peuple après être meurtri par les flots de ses maitres trouvera une sortie de dernière heure des angoisses de ses pairs.

C- Une réflexion sur la société haïtienne

Cette réflexion me laisse à produire une rétrospection sur l'histoire d'Haïti pour observer depuis quand il connut son indépendance, mais jalonné encore sur des turpitudes et déboires. Son histoire est marquée par des dissensions des intrigues et bouleversements de toutes sortes, ce qui obstrue sa voie de progrès. J'aimerais à l'issu de cette réflexion prodiguer de judicieux conseils aux tenants de pouvoir politique de nouvelles stratégies qui apporteront un ouf au peuple haïtien.

Rappelons le contexte des esclaves de Saint-Domingue au creuset de l'esclavage odieux des français voulurent enclencher une insurrection contre les planteurs blancs. Ils en profitèrent le mouvement de la grande révolution française de 1789 selon l'historien Aimé Césaire pour éclater leur lutte de marronnage pour bon, ils ont à vaincre leur ennemi. C'est ainsi que Dessalines, l'un des plus remarquables du mouvement a proclamé l'indépendance en 1804 et notre histoire de peuple a commencé. Cependant, leurs puissants adversaires mieux formés à la base ont fermé les portes aux nouveaux libres disent-ils qui étaient en révoltes et le développement économique d'Haïti était menacé, car le commerce extérieur était tout bonnement difficile sous le gouvernement de Jean Jacques Dessalines pour cause de reconnaissance de dette à l'indépendance.

Depuis lors, un tâtonnement est né au niveau du pays. Que peut-on dire de la trajectoire de son histoire truffée de troubles ? C'est à mon avis d'indexer sa mentalité découlée de l'Afrique, ce que l'historien Mentor n'en manque pas de préciser dans ses écrits, où il affirme : « « Les esclaves africains transplantés dans la traite des noirs aux mœurs de : filou, mandigues, haoussa, de méchants hommes » » Plus loin affirme-t-il ce peuple au sang de nègre à 75% de blanc à 10% et de Tainos `a 15%, et cette amalgame de culture lui vaut ses conséquences de ne pouvoir trop entendre sur des points communs de développement, il ne demeure jamais durable une activité homogène de nègres. Ceci est clair quand le mouvement des marrons a abouti à l'indépendance. Mais, pourquoi juste deux ans après ce prestigieux évènement Dessalines a-t-il été lynché par ses pairs ?

Nous observons sans cesse aux mouvements réversibles dans le pays. Les lois que soi-disant éduqués ont voté se piétinent. Les politiciens dans toute l'histoire se bousculent et n'arrivent jamais sur une table de concertation à la gouvernance du pays, comme si chacun aspire à une autre espace de vie, la corruption sévit dans toute la vie de l'Etat depuis sa fondation, ainsi s'élève le pessimisme quant au changement d'Haïti, puisque je vois filer sous mes yeux que des apatrides, des avides qui ne s'occupent que de gain au pouvoir.

Sans pouvoir trop s'attarder sur l'histoire, je ne contemple qu'un roulement de même genre d'haïtien qui décide à patauger dans la misère, sans être conscient de sa vie si minable de jour en jour. Il y a si longtemps son passé glorieux aux yeux du monde est perdu. Il était pour ainsi dire la perle des Antilles, de son point stratégique et attractif de la Caraïbe, jouissant d'un climat tropical et favorable à la vie, fascinant aux étrangers, beaucoup voulaient y habiter pour long feu. Hélas ! Il en perd de jour en jour son prestigieux nom pour se convertir en poubelle de la région. Il est aisé de trouver partout sur le territoire autant de déchets qu'on ne penserait.

Pourtant, les dirigeants politiques à tous les niveaux de l'Etat font tourisme à l'étranger, ils sont imbu d'un mode de vie propre et moderne répondant aux conditions de vie humaine, malheureusement, ils n'arrivent jamais à le reproduire sur le territoire.

Qui du monde ne pense pas à Haïti `a son drôle état actuel ? Un pays qui tend à toucher sous peu l'isolement, on compte très bientôt refuser les ressortissants haïtiens partout sur la terre à cause de leurs macabres actions relevant son caractère cannibale, d'ailleurs le monde moderne est contrôlé par la technologie qui le rend en village mondial actuellement.

J'interprète la situation haïtienne comme un lieu de déchets qui ne peut supporter l'abondance de matières et qui se décomposent. La pollution affecte aujourd'hui tout le monde et tue. D'ailleurs, l'environnement est pollué à tout ce qui respire, en outre les humains (les hommes et les animaux) il est invivable sur tous les points de vue. Car, l'insécurité atteint son paroxysme dans la capitale haïtienne, ce qui rend prisonnière la population de nos jours.

Une triste situation découlée surtout de la dissolution de l'armée haïtienne, la décision émotionnelle d'un ex chef d'Etat, en voulant satisfaire ses désirs de revanche contre ce corps qui l'avait jeté par un coup d'état le 30 septembre 1991. De son retour de l'exil sous le pavillon des marines américaines, il en profitait pour destituer ce patrimoine qui devrait être plutôt réformé. Il en manque encore des genres d'homme au respect de la loi dans ce pays.

En dépit de leur connaissance, ils n'animent aucune conscience. Ce que certains étrangers qualifient de chromosome en moins de ce peuple noir. Après vingt-sept ans de la destitution de l'armée haïtienne, en voici la société au chaos, ce qui exige d'après plusieurs penseurs une aide de militaires étrangers une unième fois de l'histoire du pays. Hélas !

On finit par réaliser que les politiciens haïtiens sont insuffisants à eux-mêmes. Si on jalonne depuis deux siècles dans ces drôles évènements, s'il ne monte encore de l'échiquier politique aucune figure répondant au désidérata du peuple, c'est qu'on admet pour bon il manque de cerveaux en Haïti. Je veux l'argumenter sur trois importantes remarques qui sont : l'inconscience, les croyances et la division ce que des rivaux peuvent ajouter.

L'inconscience

La conscience est d'après la morale le juge de l'homme, ce qui le porte à faire auto critique de pouvoir déceler ses erreurs pour les corriger. Malheureusement, ce juge ne manifeste pas encore au cœur des dirigeants haïtiens qui tiennent en haleine la société haïtienne. Ils n'arrivent jusqu'à présent à tirer leur mal, au point d'en sortir à un modus de la concertation. Au contraire, chaque homme élevé au rang de magistrature suprême anime de désir de jouir en largesse, piétinant les lois qui régissent le fonctionnement du pays. Qui d'entre eux procède à une conférence nationale pour poser les vrais problèmes en vidant les contentieux négatifs au développement du pays ? En prenant une décision pour cheminer vers une autre société de droit, de travail, de santé et de prospérité.

C'est de là que certains en parlent fort de chromosome en moins des haïtiens. Où passe leur conscience comme tous les autres hommes du monde ? Qu'est-ce qui cache la conscience des hommes politiques en Haïti, que peut-on en dire là-dessus ? Certains animés un peu de conscience en campagne électorale se changent au pouvoir. Beaucoup chargent la communauté internationale du problème du sousdéveloppement haïtien. A mon avis, si les blancs le concernent c'est qu'il a eu un acte de vente au préalable des dirigeants.

Un proverbe de la langue mère exprime en ces mots : « « Si lakay pa vann deyò pa achte »

» Il ne peut en rien flatter l'orgueil des blancs de fouler le sol des nègres en colère qui ont chassé les colons français. C'est juste le tableau criant des schismes répétés des nègres qui provoquent souvent l'ingérence des blancs dans les affaires haïtiennes. Je me demande si la honte n'émerge dans la personnalité des politiciens haïtiens en laissant l'ingérence des blancs parce que les ancêtres ont juré de chasser sévèrement, je peux comprendre que la bataille des esclaves était précise à un léger affranchissement sans visionner un Haïti totalement libre et indépendante, parce tôt à la nation naissante, les généraux ont manifesté leur ambition personnelle et ont fomenté un plan de mort au père de la liberté, ce qui porte Dessalines à rendre l'âme dans un assassinat.

J'interprète ce crime odieux comme une malédiction à l'histoire de cette nation, semblable au premier crime humain de Caïn sur son frère Abel (Gen. 11). Pour dire vrai, les bases sociopolitiques haïtiennes ont été mal jetées, avec le sang pour principaux éléments de construction, hélas ! à ce peuple ! Les noirs en majorité et les mulâtres en faible partie se mêlent dans une ambiance commune de navrer la nation haïtienne dans cette vie révoltante. Il en pose du temps à la population d'épingler une figure qui répondrait à ses désirs, mais souvent un carcan de la classe dominante a induit en erreur celui qui tire origine de la classe prolétarienne. Beaucoup, pour sauver leur peau s'adhère aux idées qui figent le peuple dans son état de mal. Au vu lointain, certains de cette classe comptent toucher les grands problèmes, mais aux timons des affaires découvrent le contraire. On a souvent tendance à les clouer au pilori, portant leur volonté positive se noye au bassin des intrigues. En tout cas, la conscience est encore loin au meneur de jeu, ceux qui peuvent embrasser à forte raison les causes du pays. Dans la mesure, on atteint ce niveau, on compte sortir Haïti de son bourbier de misère.

Les croyances

C'est de la culture haïtienne les croyances qui tiennent lieu de nos premiers ancêtres africains. Les esclaves interpellèrent les esprits de leur père d'Afrique à leur secours. Ils se rencontrèrent dans le bois dans une commune mission, et séance tenante dans une cérémonie appelée

« « Cérémonie du Bois-Caïman » » le 14 Aout 1791 l'appel des esclaves fut reçu, les gens enivrés d'esprits ont bu du milieu le sang d'un porc égorgé. L'histoire nous rapporte le sort ce même soir des champs de canne à sucre incendiés sous la colère des esclaves animés, ce qui bouleversa tant aux grands planteurs blancs. C'est ainsi, en cherchant l'instigateur principal de ce mouvement le dévolu fut jeté sur Boukman, au même instant décapité, où sa tête fut portée sur la place d'arme du Cap avec cet écriteau « Boukman chef des révoltés » »

Pour dire vrai, la suite de la cérémonie a changé totalement la nature des esclaves, tous se montraient farouches aux maitres blancs. Partout dans la colonie a surgi des révoltes et des fuites de nègres dans les montagnes au renforcement des marrons qui décidèrent de mourir au lieu de retourner aux pénibles travaux et de la peine leur action. Quoique vingt ans écoulés leur résistance allait être fructueuse par la proclamation de l'indépendance. Cependant, les pratiques du vaudou tinrent toujours l'esprit des nouveaux libres.

Certains dirigeants dans l'histoire tentent de le destituer sans fruit, puisqu'en majorité on se sert des esprits comme force de leur lutte au pouvoir. C'est ainsi que le palais national selon le témoignage d'un prêtre de vaudou est occupé de loas à la protection de différents présidents. Je réalise qu'en dehors d'une révolution de croyance, il est lointain à l'haïtien d'embrasser le développement, si on veut jeter un coup d'œil sur la vie de nos frères d'Afrique figés au vaudou. Cette pratique engendre en eux la méchanceté de pouvoir détruire

leur prochain ils n'y tirent rien de positif à la vie, sauf le mal de tuer, une magie qui ne participe à aucun progrès, au contraire élimine les bonnes ressources humaines qui auraient contribué au développement de la nation. Un groupe de chanteurs haïtiens ont affirmé en langue vernaculaire que « « Vaudou se yon kilti ke pèp la dwe depase si l ta renmen bay lanmen ak le devlopman, konsève yon tèl kilti se konseve la mizè » »

Force d'admettre que cette culture apporte la division entre les nègres qu'ils ne s'entendent à conjuguer leur effort à l'avancement du pays, mais créent de jour en jour parmi eux de tumultes et de divisions. Je veux être clair de mes approches pour confirmer que la seule issue d'Haïti c'est sa conversion totale au Seigneur, quand les protagonistes politiques consacrent enfin la nation à Dieu, il se changera, d'ailleurs, tous ceux qui s'attachent aux loas ont brigué au pouvoir si longtemps dans l'histoire et sont échoués. Il revient arguant à un homme de Dieu comme Moise d'occuper la rêne de l'Etat pour le sourire divin au pays, c'est ainsi qu'on parlera d'une nouvelle nation.

Les croyances d'un peuple imprègnent sa vie, car tous selon les 'écritures saintes tirent origine de Dieu. Les sources d'inspiration et de pensées humaines viennent d'un être suprême. Moi qui ai cru au Seigneur sais pertinemment que les inspirations humaines trouvent origine au Dieu créateur, lui qui, selon l'auteur de la Genèse a insufflé dans les narines d'un portrait fabriqué de poussière pour devenir un être vivant (Genèse 2 v 7).

Encore une fois, je réitère cette proposition aux tenants de pouvoir en Haïti de le consacrer au Seigneur pour sa délivrance, ce sera le tout dernier essai fructueux pour cette nation si meurtri depuis la genèse de son histoire. Tout le monde admet que les pratiques de la sorcellerie utilisée depuis longtemps le plonge aux piteux états, on a besoin une alternative répondant à son heureuse issue, la seule est la voie divine, une geste sublime, mais officiel d'une déclaration de la patrie au Dieu trinitaire, celui que tous les hommes politiques haïtiens ignoraient qui sera la manche essentielle de la solution du pays.

La Division

La division en Haïti est le premier fil à retorde de son développement. Si on suit l'évolution politique dès sa fondation jusqu'aujourd'hui, il est rare de trouver la finition sans peine d'un gouvernement établi, d'ailleurs, je l'avais tantôt dit que les bases sociogenèses ont été mal jetées. Car, le crime du père de la patrie a débuté son histoire, hélas ! Quelle autre nation de la région a eu une telle triste histoire ? Les généraux qui ont fomenté le plan macabre de la destitution de Dessalines ont divisé le pays naissant en deux républiques, une légère crainte a emparé les français non loin évacués sur le sol. Peut-être, ils comprirent le sens de l'animation des esclaves par des forces spirituelles, puisqu'il fut tout à fait absurde quant aux français que des va-nu-pieds esclaves ont gagné la bataille des Vertières. Au contraire, cette division aurait occasionné leur retour colonial. C'est tout à fait génial d'admettre que le pays allait payer les conséquences de cette division, parce que les héros, en dépit de leur prouesse en présence de l'armée française ont commencé la nation naissante dans la division, il est clair que leur progéniture suivrait ce triste exemple.

Parmi les chefs d'Etat haïtiens de 1804 à 2022 deux uniquement accusent un actif de 25 à 30 ans au pouvoir. Le premier Jean Pierre Boyer (1818-1847), l'autre d'un régime dictatorial de père en fils (François Duvalier et Jean Claude Duvalier) (1957-1971) (1971-1986), c'est-à-dire seule un demi-siècle de stabilité socio politique dans l'histoire haïtienne, tandis que d'autres crises dans ces régimes ont été enregistrées. Un pays où les troubles sociaux sévissent régulièrement, où est-ce qu'on peut parler de progrès ?

Je reproche s'sévèrement les héros, en dépit de leurs géants efforts à pourchasser les français du sol SaintDomingois, mais qui ne purent jeter une base d'union continuelle semblable à leur conjugaison pour la bataille des Vertières. Tout montre clair, ils convoitèrent chacun les butins laissés des planteurs blancs sans avoir un rêve d'un état libre et autonome qui éviterait l'ingérence des blancs dans les causes haïtiennes.

Mes regrets comme compatriote haïtien

J'éprouve de profonds regrets comme compatriote haïtien en contemplant la trajectoire du pays sur la voie de troubles sempiternels ce qui obstrue son développement depuis quand escompté. C'est ma plus grande tristesse de voir ce pays au creuset des politiciens véreux qui refusent de s'entendre sur un pacte de gouvernabilité sur un temps donné, un consensus qui aurait amené la nation sur un chemin de progrès au profit de ses fils.

Hélas ! Haïti ne voit que la misère de ses fils pourtant les preux, eux des hommes incultes subjugués dans la servitude virent nécessaire d'enclencher un combat contre les ravisseurs français, pour bon, ils laissèrent la terre SaintDomingoise après la grande bataille des Vertières, trois mois plus tard ce fut la grande proclamation de l'indépendance le premier janvier 1804. Malheureusement, la nation a dû commencer à souffrir tous les maux du monde, la voici encore sous la sellette de ces coups si horribles qui coutent très cher à ses fils.

Mes regrets si profonds se découlent du nombre des intellectuels du pays qui ne peuvent épouser rien de positif en dépit de leurs actions prodigieuses. Quand ils n'aspirent point de leurs ancêtres qui n'eurent point de fameux esprits. Que peut-on en dire des amis étrangers, qui dès le départ ont contesté la reconnaissance de l'indépendance et la France à cet effet a jeté une lourde indemnité sur cette pauvre nation naissante, ce qu'un chef contemporain a calculé sur un géant montant d'argent de vingt un milliard huit cent millions de dollars une conversion de quatre-vingt-dix millions francs.

C'est pourquoi, beaucoup ont chargé l'international du sort fatal d'Haïti. Certains estiment qu'il paie un prix de son acte élogieux au début du XVIIIe siècle, en chassant du sol la plus grande puissance de l'époque celle de la France. D'ailleurs, il est de l'Amérique la seconde à suivre après un quart de siècle les Etats-Unis, les esclaves au contraire ont contribué à lutte pour la libération de la république étoilée. Malheureusement, ce pays n'a pas gardé en réalité le souvenir d'une telle aide, parce qu'il pourrait l'accompagner à sortir de son mal. Que peut-on en dire là-dessus, car l'apport des Etats-Unis à Haïti aurait depuis quand l'aider à respirer de nouvel air.

Je veux plutôt reprocher les dirigeants haïtiens qui ne manifestent aucun acte patriotique à leur pays, parce la corruption fait toujours objet de leur administration. Je comprends que la source sure du sous-développement en Haïti réside dans la gabegie administrative qui jalonne toute son histoire. A ce sujet, voici ce que dit Dessalines en langue mère « « Plimen poul la pa kite'l kriye » » Si le premier chef d'Etat a jeté cette base, il est à plus forte raison un exemple très négatif à ses successeurs.

Je regrets que les politiciens haïtiens depuis quand ne peuvent diriger ce pays, et les schismes sporadiques ont amené en plusieurs occasions de flottes étrangères sur le sol du bicolore. Après la longue histoire de troubles, on pensait enfin après la chute des Duvalier recourir à de nouvelles vies, on assistait pourtant aux pires, trente-six ans se sont gaspillés. Ils ne peuvent inspirer de la démocratie occidentale qui aspire à deux partis politiques comme les Etats-Unis, mais le mouvement démocratique haïtien a fourmillé sur le sol une quantité immense de partis politiques, ce qui ne cesse de créer dans leur sein de dissensions. Quel est d'après moi cette maigre superficie de terre que les dirigeants haïtiens ont du mal à gérer depuis 218 ans ? Je suis l'homme qui attend en dépit de mes tristes jours une issue, mais de Dieu, car je suis témoin de plusieurs essais des grands du pays qui tentent déjà de trouver une solution.

Mes profonds regrets au passé superflu de plusieurs générations de jeunes gaspillées et qui deviennent de jour en jour des balayures et ce phénomène produit enfin des bandits ce qui plonge le pays actuellement dans des chaotiques situations et qui inciteraient les étrangers pour une unième fois à refouler le sol haïtien. Sans une honte des dirigeants à voir détruire autant le rêve des ancêtres, hélas !

Mes hautes nostalgies au regard des étudiants haïtiens, en dépit de leur sort pour meubler leur esprit et qui vivent encore sous l'ornière de la misère. Leur profonde réflexion amène plus d'un à consommer de stupéfiants pour pallier à leurs problèmes de pensée. Ainsi vient à chaque génération ce phénomène de voyages, le récent qui se roule sur le port ouvert aux haïtiens de fouler le sol de l'Amérique du Sud, d'où le Brésil et le Chili en disposent à eux.

Malheureusement, ça ne coute guère aux dirigeants qui voient filer sous leurs yeux ces ressources humaines.

Beaucoup d'entre eux ont été subventionnés en études publiques, au lieu d'entre encadrés par l'Etat pour les services du pays, mais partent volontairement vers d'autres pays.

A mon humble avis je pose la question si le gouvernement est imbu vraiment de ses ressources, ses acquis de développement quand il laisse volontiers partir ses cadres au bénéfice d'autres Etats. Ces gens qui n'y reviennent jamais. Je me demande si les politiciens haïtiens conçoivent dans leur agenda un plan de développement comme font tous les autres Etats du monde. Nous enregistrons aux comptes de la politique haïtienne que des armateurs, des novices au pouvoir qui ne convoitent que des gains soutenus par une classe sociale dominante, qui depuis la genèse de l'histoire contrôle la nation.

Nous n'ignorons pas non plus de faux amis internationaux qui s'accommodent aux apatrides pour figer le pays davantage dans son mal. Le pire c'est qu'ils n'animent pas de conscience à pouvoir sortir le peuple de sa pauvreté. Force est de comprendre que le pays soit l'objet de butins aux grands et les étrangers, mais le peuple est sujet aux situations minables de plus en plus. Le résultat épouse une société de jungle qui révolte le monde aujourd'hui, où l'haïtien devient un sujet de cannibale partout.

Combien personne n'inspire confiance aux tenants de pouvoir, parce qu'ils piétinent le droit des fils du pays, quoique qu'un air dit démocratique s'est soufflé sur le pays en 1986 avec la tombée de la dictature d'un farouche chef d'Etat. Qui sait par la suite, Haïti aurait tombé à ce cahot ? Quand la population y voyait un chemin de liberté et d'avenir heureux. Pourtant, des avides de pouvoir ont profité de l'absence du régime pour se livrer au pillage, faisant le pire de l'ancien pour lequel la population a gagné les rues.

Les usurpateurs de pouvoir depuis 1986 ne peuvent reprocher la dictature des Duvalier qui, selon eux étaient un grand obstacle au développement d'Haïti, pourtant, ils ne produisent d'autres images fascinantes, et tout le monde comprend aujourd'hui le bien-fondé de la dureté de ce régime envers ses rivaux qui n'avaient qu'un but de jouir de tous les biens du pays, en laissant le peuple au taudis et de misères pour toujours.

Je comprends aussi bien le sens de la coopération des leaders issus de la population qui la trahit au profit de leur poche, aux élections adoptent un langage de promesse, inspirant l'espoir à tous d'un devenir meilleur, mais à leur montée au pouvoir négocient le pays à la classe bourgeoise qui n'aspire que gagner de l'argent sans un investissement au développement. Jugeons bien le poids de la dictature des Duvalier à pouvoir gérer cette classe, l'imposant à ouvrir la main-d'œuvre haïtienne avec par exemple: **La HASCO, la MINOTERIE, l'ACIERIE D'HAITI, L'USINE SUCRERIE**

DARBONNE, LE CIMENT D'HAITI, SHADDA etc., L'oligarchie n'a pu à son aise mesurer le cout de la vie du peuple pour en tirer trop d'affaire, le pouvoir des Duvalier a eu contrôle strict de ce secteur pour qu'enfin respirait la population haïtienne. Malheureusement, la tombée de ce régime a permis l'irruption de l'oligarchie, qui aujourd'hui gagne toutes les rives sociopolitiques du pays, on la retrouve même dans la politique, autrement dit son implication directe dans la vie totale du pays.

Elle préfère de nos jours entrer au commerce extérieur direct en jouissant de l'Etat les avantages de taxes douanières, ou tout au moins de franchises, sans aucun investissement à la production nationale. Rares sont ceux du nombre qui offrent emploi à une maigre quantité de gens.

Nous sommes à bout de souffle dans le pays actuellement, le pire c'est que les acteurs politiques ont encore du mal à s'entendre sur un point commun pour sortir la société haïtienne de la crise aigüe qui y sévit depuis trentesix ans. Les apparentes époques de stabilité se soldent toujours en insurrection, et on la voit figer davantage dans le mal, hélas !

Après le drame de la mort du chef d'Etat au pouvoir en son logis par un coup planifié par ses pairs, le gouvernement a été soumis à un personnage récemment nommé par ce chef d'Etat deux mois avant sa mort, en dépit de l'absence du corps législatif destitué par l'exécutif. Ce dernier novice dans ce domaine ne tente depuis 15 mois même prononcer un mot de satisfaction à la nation, au contraire ses interventions en posent souvent le trouble au public. Enfin, arrive cette situation si chaotique qui exige une intervention militaire dans le pays. Sans un gène aux politiciens dit des hommes apparemment formés qui ont besoin nécessairement les blancs pour les mettre en concertation.

Je ne veux en rien offenser Dieu de m'avoir créé dans cette drôle nation, où les gens n'aspirent pas à la vision de grandes choses, mais inspirent au contraire de leurs idées négatives qui ne produisent rien au pays depuis la genèse de son histoire. Sauf, que je me résigne de mon origine ethnique douée de peines et de souffrances, où mes frères d'Afrique, en outre les noirs ne sont plus en liberté de leurs misères.

Suis-je pour autant pessimiste ? Non je ne le suis pas encore. Il n'est jamais de mon apanage d'obéir aux lois du découragement, au point de penser au désespoir pour le pays, car, ma foi chrétienne me laisse comprendre l'histoire d'un peuple de la bible identique à Haïti, qui dut jalonner une longue période en servitude, et qu'enfin fut libéré par un envoyé de Dieu. C'est pourquoi, il me reste à l'esprit tôt ou tard une magistrale intervention divine pour la sortie d'Haïti de sa triste situation.

J'admets que le sort d'Haïti soit l'objet de son passé, mais de sa mentalité et de sa culture de laquelle tire ses croyances qui renfermaient de moyens au combat contre les français.

Pourtant, il est aussi le peuple de Dieu qui envoya sur le sol le 16 Juillet 1816 la lumière de l'Evangile quoiqu'encore incapable de briser les barrières du sous-développement. Ainsi, il nous revient une autre réflexion sur la mentalité haïtienne issue de son ethnicité qui obstrue sa route d'avenir, le mal est davantage objet de sa vie, et je comprends qu'il lui est urgent de libérer de ses entraves pour trouver sa délivrance. En ce sens, seul Dieu se charge de cette action prodigieuse, car le sang porcin bu dès la cérémonie du BoisCaïman le 14 Aout 1791 a jeté au peuple de génération en génération un maux qui traduit sa malédiction pour patauger en puants endroits.

Il me prend du temps à saisir le sens des intellectuels haïtiens qui ne peuvent s'entendre sur une large vision de pays avancé, quand il ne manque de la place autant de figures qui écopent leur doctorat sur la scène internationale. Les grands pays en sont pertinemment imbus des ressources humaines de ce genre que possède Haïti. Ils ont tout copié de mauvais de l'extérieur sans un jour y calqué la forme de démocratie qui dure autant au développement. Comme les Etats-Unis par exemple qui jette les bases de leur politique sur deux partis depuis quand et qui les apporte fruit pour conserver leur super puissance.

Je veux être clair pour exprimer ma position sur la forme de démocratie incompatible à la réalité haïtienne. Il serait pour éviter les troubles adopté deux partis après trente-six ans de démocratie ratée d'inspirer de ce pays une nouvelle forme de démocratie pour implanter celle que la nation a besoin pour son développement. Loin des schismes des centaines de partis qui soulèvent de l'ébullition dans la société. J'ai du mal à saisir l'origine de cette forme de démocratie que les dirigeants haïtiens ont épousé depuis 1986, celle qui parait si infructueuse et qui n'inspire d'aucun courant démocratique occidental et moderne, la multiplicité de partis politiques,

Ma connaissance sur ce système de gouvernement me laisse comprendre que c'est l'expression populaire aux grandes décisions étatiques, celle que les Grecs ont inventé pour la participation du peuple dans les affaires publiques qui les concernent, en outre la défense de ses droits souvent piétinés par les pouvoirs royaux trop longtemps fondés sur la terre. Il est clair de voir son épanouissement à travers l'Europe et l'Amérique depuis des siècles, peu de système despotique garde encore le pouvoir dans le monde.

Si on parle de l'intégration du peuple dans les affaires de l'Etat c'est que la multiplicité des partis politiques ne révèle pas pour autant la démocratie, j'y peux déceler au contraire un désordre à pouvoir établir de troubles, surtout aux élections. Pourquoi, les politiciens haïtiens ne pastichent pas la politique voisine, où trois partis font son histoire depuis longtemps, ce qui accouche un résultat satisfaisant à la nation dominicaine qui sert d'appui économique à Haïti aujourd'hui.

Auto critique et décision des acteurs politiques en Haïti.

Il est temps à ce que les dirigeants haïtiens atteignent un niveau d'auto critique pour déceler le problème qui laisse à l'évidence notre sous-développement et qui se doit d'un colloque national pour sortir à un modus, au mieux de libérer Haïti de sa drôle vie si longtemps vécue.

Comme le font souvent aux gens qui s'amusent à reprocher les autres, tandis qu'en briguant aux postes de direction produisent le pire. Toute auto critique aborde la prise de conscience, en condamnant la vie d'antan pour une relance en nouveauté. En sortes, est-il possible de miser autant aussi sur les problèmes mentaux, après les avoir condamnés pour continuer sur les mêmes lancées.

Peut-être si un faux esprit est le facteur principal de notre handicap, il est important à ce qu'on implore la grâce de Dieu, puisque beaucoup n'arrivent pas encore à détecter les vrais problèmes du pays. C'est honteux d'observer les étrangers à plusieurs reprises sur le sol du bicolore en vue de créer un climat de paix que les fils du pays, plus essentiellement les politiciens ont inventé.

Chapitre XVII

❧

L'espoir d'Haïti

M on ultime lecture effectuée minutieusement sur Haïti et selon ma haute foi en mon Dieu créateur des cieux et de la terre c'est qu'il y aura une issue heureuse aux crises haïtiennes et on verra ce pays émergé de son mal vécu depuis la nuit des temps de son histoire. J'ai pour fond les écritures saintes qui informent que le récit d'un peuple épris dans la servitude en Egypte, ce fut Israël, infligé plus de quatre siècles dans un esclavage odieux, ce qui suscitera enfin l'intervention du Seigneur.

Du sein d'Israël fut sorti un rédempteur appelé Moise sur qui le dévolu fut jeté pour présenter au-devant du roi d'Egypte sollicitant la libération du peuple de Dieu choisi très anciennement par une promesse de bénédiction à ses ancêtres pour hériter la terre de Canaan (Genèse 12 v 3). Pour dire vrai, les cris agonisants d'Israël ébranlèrent le Dieu des cieux qui se souvint de ses promesses, il intervint soudain aux souffrances des damnés.

La parole nous informe de la magistrale intervention divine quand Moise portait vers Pharaon les revendications d'Israël et la forte volonté de faire partir son peuple de ce pays. Les dix plaies qui ont marqué cet évènement se sont soldées à l'exode massif d'Israël vers la mer Rouge pour occasionner la disparition totale de la puissante armée Egyptienne. Ce fut la délivrance des Hébreux qui marque toute l'histoire biblique. Appuyant sur la longévité de la servitude d'Israël. Je peux comprendre qu'Haïti sera sous peu libéré de ses oppresseurs locaux et étrangers qui la tiennent aussi longtemps en misère. Rien ne peut obstruer sa voie de liberté. Certaines prophéties éveillent en moi l'espoir d'une éventuelle issue, tirons par exemple celles de deux pasteurs africains en croisade 'évangélique dans le pays le 4 janvier 2018 au stade Sylvio Cator. Force de comprendre leur message précis de la délivrance sur une durée de dix ans soit 2020 à 2030. Si Haïti persiste encore dans ses crises aujourd'hui, faut-il en croire faux de ces prophéties ?

Non je le partage pas, car Dieu cherche à épurer la nation pour trouver les ressources valables à sa mission selon mon interprétation. Comme il fallait les dix plaies d'Egypte et la disparition de son armée pour la délivrance d'Israël, il faudra idem la tombée des adversaires haïtiens pour son irruption. Ce qui marquera la mort d'importantes figures de l'échiquier politique et social. a. Je peux saisir aussi pour fond de mes approches, le même texte de Genèse qui explique la bénédiction d'Abraham par laquelle le monde a reçu le salut. Alors,

ce qui accorde bénédiction aux Juifs trouvera en retour la grâce du Seigneur selon qu'il est écrit. C'est ainsi, un évènement de ce genre a eu lieu en 1948 au profit d'Israël qui devait constituer en nation, ainsi aux Nations-Unies, on en cherchait une voix pour sa reconnaissance, de fait, Haïti par son représentant a exhibé son doigt et Israël devenait automatiquement un Etat indépendant. Ce qui reste encore en mémoire des Hébreux ce bienfait d'Haïti. Selon l'histoire, elle tente en plusieurs occasions accompagner Haïti en développement, mais certains chefs d'état ne l'ont point reçu. En dépit de tout, ils laissent sans visa aux haïtiens de fouler son sol.

Dieu ne cesse de révéler les haïtiens du terroir et étrangers le sourire très prochain de l'Etat du bicolore. Je persuade aussi que les inlassables prières adressées au Très-Haut auront pour résultat sa délivrance. Sans ignorer tant d'hommes de Dieu amis d'Haïti des autres états du monde qui fléchissent leur genou devant le trône de Dieu pour la cause de ce pays.

Beaucoup restent pessimistes à un changement éventuel, vu qu'ils n'observent même à l'horizon un esprit d'unité surtout des tenant politiques, les principaux protagonistes de ce changement. Il faut à mon avis avouer que tout se fera par prodiges des cieux, à cause de l'impossibilité de la mutation mentale qui est une affaire de sang. Si on évoque l'histoire d'Israël, c'est qu'on tire un récit purement divin auquel Dieu a marqué magistralement sa présence, il sera de même à Haïti.

Ce qu'il faut bien admettre c'est que la nation appartient à Dieu, s'il en pose du temps à sa délivrance, ce qu'il attend une offre officielle de ses dirigeants, alors dans le cas contraire, au temps fixé, il agira miraculeusement, et son intervention coutera cher à beaucoup comme l'armée pharaonique d'Egypte.

Je réitère cet espoir par une récente vision effectuée dans la nuit du 12 au 13 septembre 2022, où j'ai pu remarquer la perle d'Haïti entre les pattes d'un porc dans un bassin immonde. Mais, cet animal s'est muté en homme et a lancé une pierre qui tentait crever mon œil droit, cependant un enfant m'a retiré la perle que je remets à une foule immense ovationnée de la liberté.

A mon réveil je pouvais comprendre à sincérité l'obstacle trop souvent tiré de sa culture, en outre le vaudou qui orchestre son développement, ce pour beaucoup qui servait d'instrument aux esclaves pour leur libération des colons français. Personne ne peut contraindre une telle idée, pourvu qu'il ait eu pour vrai une cérémonie aux Bois-Caïman par

Boukman le 14 aout 1791. Mais, après l'indépendance 12 ans par la suite l'évangile est entré au pays, ce pour éclairer les nouveaux libres sur la bonne voie. Malheureusement, les dirigeants politiques y tirent d'affaire encore en plein du XXIe siècle, et le résultat est négatif. Pourquoi ne choisissent-ils pas la voie du Christianisme pour sortir de son bourbier de misères ?

C'est ce qu'attend Dieu des hommes d'Etat pour la délivrance d'Haïti. La grande question viendra-t-il par miracle, ou d'une requête spéciale des chrétiens du pays ? Peu importe cette délivrance sera exclusivement divine et aura pour auteur Christ.

Je finis par accepter Haïti comme une espace où les habitants vivotent et respirent selon ce qui a été tracé de sa destination et qu'il se doit pour lui d'absorber. En ce sens, j'aimerais puiser deux exemples pour mes approches : d'abord des mots de l'écriture sainte et de ses stratégies pour l'indépendance.

A- Les mots de l'écriture sainte

S'appuyant sur les dires de l'auteur de la Genèse de la bible qui informent qu'un évènement spectaculaire a eu lieu et qui sert de base à la bénédiction de trois races humaines selon certaines interprétations. Un jour, Noé de sa culture des vignes fut ivre et se jeta des lieux, plus tard vint l'un de ses fils appelé Cam qui l'ironisa de sa nudité vue, celui qui retrouva ses frères, en outre Japhet et Sem qui le constèrent de cette drôle attitude envers son père. Mais, ils allèrent soudain pour le recouvrir humblement.

C'est ainsi au réveil, ils partagèrent tout à Noé qui put prononcer sur Cham des mots de malédiction l'infligeant de génération en génération sous la tutelle de ses frères

(Genèse). Peut-on admettre une telle version biblique ? On peut pour bon l'accepter du fait qu'elle puise sa source de l'inspiration divine qui est la vérité. Sauf que le départ des noirs dans l'histoire a été intéressant, je ne sais pas si les prophéties devraient les imposer aux justes mots du patriarche et qu'ils perdent par la suite leur prestigieuse place de progrès et d'invention scientifique, se souvenant de la position d'Egypte dans le temps et des grands évènements qui ont marqué son nom dans l'histoire, pourquoi pas le bastion des plus grandes civilisations mondiales.

B- Mes compréhensions sur le temps

Force de comprendre que le temps soit en passe de géants événements qui doivent accomplir le mode de vie humain pour atteindre l'éternité de toute chose. Comme inscrit au plan divin à l'existence de deux moments. Le plus court c'est le temps à faire croire le fameux auteur du livre de la Genèse d'où le dévolu se jeta sur Moise, qui informe que Dieu au commencement a créé toute chose dans un temps imparti en six jours. De là voyant la mesure et la limite de l'existence de tout ce qui fut créé à l'origine, mais qui dut subir de croissance et aussi de disparité.

Je sais pertinemment que le temps court violemment à sa fin, mais le drôle tiré dans tout ça, il charrie au passage la valeur intrinsèque de l'homme sujet de la gloire du créateur. Et, aux prises de l'ange déchu se change en démon, en ce sens, il impose de mures souffrances à la terre au point que toutes les autres créatures en paient le prix de la disparition. A rappeler que Dieu n'imposa aucun mal à sa création, mais de son arbre mis au milieu du jardin d'Eden eut pour bon le tyran qui aura pour mission de destruction à celui qui tira son origine du Seigneur.

Alors, l'astucieux serpent de son fascinant langage jeta le sort du mal sur le couple édénique qui dut s'étendre sur tous les créés de la terre de génération en génération. Le temps court maintenant sur la voie de son terme étant situé dans un ordre précis d'existence. Pourtant, le plan divin marque une autre période infinie à laquelle tout humain actuel se doit de toucher.

Le temps pour moi explique le système actuel des choses, où l'homme comme acteur principal et gestionnaire traverse à grands pas pour arriver à son éternité qu'on aura tantôt à expliquer. Le moment qui lui est accordé surtout de vivre jusqu'à parvenir à son terme terrestre.

C- L'Eternité

Le seul bouquin qui informe largement au monde le devenir de toute chose reste la parole inspirée la bible. Elle en parle du présent des choses, du passé et du futur. En dépit de la haute intelligence de l'homme il se mesure dans ses connaissances, car, il ignore son avenir. Le malin en manche de la conduite de l'homme le méprend aux frauduleux futurs de sa vie par ce courant de spiritisme appelé horoscope, encore qui se situe dans son temps vital terrestre.

Quant à l'éternité son nom l'indique, c'est au Seigneur, l'Eternel de qui n'échappe rien vient l'explication du devenir de tout ce qui existe. Bref, l'éternité s'inscrit dans le plan d'origine de Dieu à tout ce qu'il a mis à l'existence. Etant situé dans l'éternité, on aura à connaitre deux de ses caractéristiques, et la bible en parle clair de chacune d'elle. Faisons un survol sur les dires du fameux auteur Luc pour tirer l'évidence de l'éternité heureuse et malheureuse de l'homme en ayant pour fond la parabole de l'homme riche et Lazare.

Mais des siècles précédents, le prophète Daniel eut des visions singulières au futur de l'homme et au 12e chapitre de son livre, il en parla de ceux qui se réveilleront pour la vie éternelle, et ceux d'autres pour la mort éternelle. Daniel 12 v

3> C'est bien précis à ce que l'homme ait pour vie éternelle un endroit heureux ou de béatitudes avec Dieu, en outre une espace de tourments, où seront le chuté des cieux et ceux qui le suiviaent étant dans ce corps.

La parabole du médecin Luc présentée au deuxième livre des Evangiles reste claire aux deux endroits réservés à l'homme à la fin, expliquant les deux catégories de gens sociales dans cette vie. Se rappeler que Lazare selon l'histoire fraya route vers le riche quotidiennement pour chercher de quoi à se mettre sous les dents, et ce dernier l'humilia par ses miettes de sa bouche tombées.

En jugeant le poids social de ces deux personnages, tout en regardant la société post moderne analogue à cette parabole. Il est aisé de trouver les riches du monde flattés d'orgueil et d'égoïsme soumettent les gens dans les situations les plus humiliantes de la vie, pourtant le ciel en prend toujours notes. Il n'est jamais du créateur une telle attitude, lui qui forma de la poussière l'homme n'aspire point à la différence entre les issus de son image.

D- Le prix de l'âme

J'aborde un chapitre d'une portée si cuisante et que seules les écritures saintes en valent des réponses. Car, elles sont uniques paroles à élucider les questions épineuses de l'homme. Le sujet de l'âme aiguise souvent l'appétit des chercheurs, en ce qui a trait au devenir humain. Bref, tout le monde sait pertinemment qu'il possède à son intérieur une âme.

En dépit de ses croyances, l'homme pense qu'après sa mort, en outre son retour de la terre, il va surement séjourner pour toujours dans une espace dans son âme qui est éternelle. Par exemple, les vodouisants pensent retrouver son dieu Oloroum dans la mer, les musulmans aspirent à être auprès de leur dieu Allah, les Indous, et les autres autant. Quant au chrétien, le serviteur de Dieu, il épouse l'assurance de la gloire avec le Seigneur. Dans ce chapitre, j'aimerais entretenir les lecteurs sur la préciosité de son âme, qui, pour Christ reste incomparable aux choses vaniteuses de ce monde. Ainsi, dit-il : « « Que sert-il à un homme de gagner le monde s'il perd son âme, que donnera-t-il en échange à son âme. Matthieu 16 v 26 » »

Dieu ne mesure pas l'âme sur la longueur de la vie matérielle ni une dimension de choses farfelues auxquelles utilise l'homme chaque jour. En jugeant la haute portée et la valeur marchande des biens du monde qui ne peuvent être trouvées une juste dimension, Christ ne mesure pas ses mots pour exprimer à gorge déployée que l'âme ne puisse être comparée à rien dans cette vie. Nous trouvons bien sa valeur inestimable devant Dieu et sa juste considération. La valeur de l'âme échappe au contrôle humain et à la lumière de l'acte divin marquant l'action sacrificielle de la croix, on admet que l'amour de Dieu pour une âme reste non évaluable à la portée humaine.

Nous pouvons saisir son sens à partir de sa durabilité éternelle. Mais, à l'origine depuis la création, Dieu fit une âme vivante, en sommes lisons par ces mots : « « L'Eternel Dieu forma l'homme de la poussière de la terre, il souffla dans ses narines, l'homme devint une âme vivante. Genèse 2 v 7 » » Le créateur ne fait que placer l'âme dans une enveloppe qui se doit de disparaitre à la mort. Au contraire, ce fut l'œuvre de son omniscience sur le cout du péché à venir qui enlève tout simplement sa partie somatique en laissant vivre éternellement sa partie pneumatique qui demeure pour toujours.

Au regard d'un Dieu qui se nourrit uniquement de gloire, il ne la reçoit pas seulement de ses pairs des cieux, mais aussi des êtres créés issus de son essence. Christ, en ce sens confirma aux disciples la juste prudence à garder au dépend de leur âme. En disant pour corroborer ses mots : « « Ne craignez pas ceux qui tuent le corps et qui ne peuvent tuer l'âme, craignez plutôt celui qui peut faire périr l'âme et le corps dans la géhenne. Matthieu 10 v 28 » » Nous voyons la banalité du corps à l'issu de ce verset, Christ en voit son passage éphémère qui doit subir la corruptibilité, tandis que l'âme n'aspire qu'à jouir son éternité de gloire dans la présence du Seigneur. Il est évident à ce que l'âme soit conservée pure. Sur ce point avançons cette question : « « Qu'est-ce qui peut souiller l'âme humaine ? » » Christ la répondait aux disciples par ces mots : « Ce n'est pas ce qui entre dans l'homme qui le souille c'est ce qui y sort. Matthieu 11 v 15 » »

Il voulait en parler des œuvres charnelles qui affectent l'âme, au lieu des souillures du corps au niveau physique. Ainsi, pour lui, il ne s'agit pas de préoccupation première et exclusive du corps, sans un soin particulier de l'âme. Son acte sublime de sacrifice à la croix témoigne pertinemment la juste valeur accordée à cet être intérieur de l'homme.

Le message christique met surtout l'accent sur l'âme, c'est pourquoi, il ne put être compris des pharisiens et d'autres sectes religieuses juives. Il parla davantage de choses spirituelles, qui pour l'homme sont abstraites, il n'en tira pas de réel, surtout le langage parabolique de son message étonnait les pharisiens. Mais, il épingla du nombre douze pour accomplir sa mission salvatrice aux hommes du monde entier, et le verset central de la bible en dit mieux : « « Car, Dieu a tant aimé le monde il a donné son Fils unique afin que quiconque croit en lui ne périsse point, mais qu'il ait la vie éternelle. Jean 3 v 16 » »

Une âme tient de Dieu une importance capitale, pour qui, il a manifesté son grand amour par le sacrifice de la croix, le sang de son Fils unique versé à profusion a marqué pour bon sa valeur au-delà de tout ce qui du monde existe. Pour dire vrai, son adversaire active ardemment contre elle, en contraignant tout humain à vivre au plaisir de son corps à la satisfaction de ses désirs charnels.

A cet effet, apôtre Paul exhortait tous les chrétiens de Galates à éviter les forces qui les incitaient à plaire à la partie somatique de leur être. Apres les avoir évoqués tous les péchés, il confirmait que leur voie dirige droitement l'homme en enfer. Galates 5 v 16.

Il est plus aisé à ce que l'homme obéisse à la voix de la chair, au lieu de se conduire aux principes divins, tandis que les œuvres de la chair l'orientent à la ruine, ce que dit le psalmiste au psaume 1e. Nous prodiguons de sages conseils à tous de marcher selon la volonté de Dieu, obviant toute voie qui mène à la perdition, car, il aura enfin à se présenter devant Dieu pour répondre aux activités du vivant de sa vie. En ce sens, l'auteur du livre des Hébreux en dit plus en ces termes : « « Il est réservé à l'homme de mourir une seule fois après quoi vient le jugement. Hébreux 9 v 27 » »

Chapitre XVIII

La fragilité humaine

La fragilité humaine est marquée par sa débilité de ne pouvoir supporter les frappes contre sa partie somatique.

L'homme croit pouvoir impliquer sa vie autant qu'il respire aux activités matérielles. Beaucoup pensent uniquement à leur courte durée terrestre. Jugeons l'évidence à leur idéologie, quand après la mort personne ne retourne physiquement pour confirmer son séjour, sauf les pages inspirées divines attestent cette vérité, tandis qu'un nombre inquiétant d'hommes n'inspirent pas confiance à la bible disent-ils qui est l'œuvre humaine. Uniquement les appelés du Seigneur rendent témoignage à cette parole et y pose toute confiance pour leur vie éternelle.

Qui peut à son mesurer sa vie et prédire à juste temps son avenir ? C'est cette capacité intelligible qu'il manque à l'homme. Pour dire vrai, son intelligence lui vaut la raison de consulter l'être suprême qui détient le plan d'avenir des êtres vivants et leur fin. Que de gens consultent les esprits qui masquent à eux leur fin. Encore une fois, seul Dieu tient de l'homme l'avenir, lui qui, un jour l'a mis à l'existence.

Il le mesure sur une durée dépendant strictement de sa volonté. Nous n'ignorons jamais l'intervention de l'ange déchu qui a galvaudé au jardin d'Eden le plan divin, en induisant l'homme au péché de la désobéissance au point qu'il hypothéquât la vie des créés. C'est pourquoi s'écourte autant la vie humaine, en dépit de tout, les premiers humains gardèrent une longévité inestimable. Une figure marquant à tous le plan de Dieu envers les créés de tenir une vie pour l'éternité sur la terre. A rappeler qu'il fallait attendre pour certains théologiens seize siècles aux premiers créés une réduction de vie à cette criante mesure aujourd'hui de 70 à80 ans, alors que la première génération eut un record de neuf cent soixante- dix ans (970 ans). Ainsi dit Dieu : « « Mon esprit ne restera pas toujours dans l'homme, car l'homme n'est que chair et ses jours seront de cent vingt ans. Genèse 6 v 3 » »

C'est en sortes une baisse vertigineuse au cout de la montée extrême du mal devant le créateur. Son évolution a atteint un niveau qui le réprima tant et il se prononça à réduire à une si vile espace la vie humaine. Nous comprenons combien la terre serait si longuement jalonnée dans la méchanceté si Dieu n'interviendrait pas à freiner sa vie méchante sur la face de la terre et le déluge en fut la rupture.

Il est auto destructeur et met de nos jours fin à son existence si tôt, et on voit disparaitre les créatures comme un vent. D'ailleurs les dangers auxquels expose l'homme s'accroissent à la progression de ses méchantes pensées. Par exemple, pourquoi fabrique-t-on de lourdes armes sur la terre, qui met en son cœur la pensée de monopoliser toutes les ressources de la terre jetant une forte partie de gens dans une vie minable ? Autant d'interrogations qui nous laissent comprendre que l'homme est auto destructeur.

Chapitre XIX

L'homme, le sujet central de la vie

L'homme n'est le premier des créés, les écritures saintes nous laissent entendre que toutes les autres créatures comme : les animaux, le ciel, la terre, les eaux le devancent. Pourtant, sa formation enfin eut un soin particulier du créateur, et l'auteur de la Genèse nous informe par ces mots : « « Faisons l'homme à notre image selon notre ressemblance. Genèse 1 v 26 » » Le seul des créés à pouvoir jouir de ce privilège, car ses antécédents furent l'existence par la parole.

Une fois créé il détient du maitre le pouvoir de domination sur tous les autres, l'unique eut cette capacité de gérer tout ce que Dieu a mis à la vie. Le seul aussi intelligible de pouvoir exprimer les merveilles su Seigneur, car il en sort de son être. Les animaux, les arbres et la nature entière sont tous perdurés dans une existence grâce aux efforts ardus de l'homme.

C'est ainsi que le déclin systématique produit aujourd'hui sur les autres créatures en trouvent raison de la mauvaise gestion de la terre par l'homme.

Il se doit de gérer à bon escient son environnement au mieux d'y procurer du bien à tous. Force est de croire que Satan, l'ange déchu eut raison de consulter du jardin d'Eden ce couple à mission de l'expulser de la présence du créateur en vue de perturber l'ordre des choses divinement créées. A ne pas ignorer l'ordre intimé de travailler durement la terre après le péché, de la transformer pour la production de biens pour son fonctionnement pour la croissance du corps.

Tout ce qui se fait sur la terre après la création reste l'œuvre humaine. Au contraire, du couple d'Eden fut sorti le commandement à l'homme de produire la terre de vivants et par ces mots de Dieu : « « Croissez multipliez et remplissez la terre. Genèse 3 v 15 » » c'est-à-dire il est de la responsabilité de l'homme de peupler la terre d'hommes qui seront les producteurs de biens et services, mais un auto-service pour leur vie en général.

Tachons de voir un homme quoique au centre de la vie, mais servant d'auto destructeur à cause de sa poussée dans la méchanceté et au-delà de sa limite. Voyons sa haute intelligence de produire comme le créateur de choses utiles à la vie. Pourtant conduit par le malin, il fraye sans cesse une voie de perdition. C'est en sortes un pouvoir qui lui est retenu sans pour autant qu'il l'exerce au positif, tout ce qu'il produit à la suite du péché revêt un mal à son existence.

Tous les efforts de Dieu vers la restitution de la créature galvaudée du malin courent vers l'homme pour lequel il allait envoyer son fils en guise de sa vie en rançon au prix du rachat du péché originel. Force est de voir aussi la place de l'homme au-dessus des anges dont le chef chuté Lucifer dut payer un lourd prix de condamnation sans pardon, quant à l'homme, il accorda le pardon par la grâce de son fils.

Dieu accorde une primordiale place à cet être tiré de son image, non seulement il le soumet de pouvoir sur la création, mais il le promet de plus une réforme totale de vie gâchée au départ par l'ange déchu. Voyons en sortes son plan de rédemption qui jalonne sur une histoire de sept dispensations dont : l'innocence, la conscience, le gouvernement humain, la promesse, la loi, la grâce et le règne divin.

A- Dispensation de L'innocence

Il fut de l'homme avant le péché une innocence aveugle de rester selon la parole nu de corps, sans être en mesure de percer sa réalité de nudité. Ceci comparé à un enfant qui ignore l'état de son corps et son environnement, prive de gène de pouvoir rester nu au grand vu. C'est pertinemment de son état d'hébété que vint l'ange déchu, en outre le serpent animé qui allait induire la femme dans l'erreur. Et pour bon, en dépit de moindres résistances, l'ange en gagna le prix en jetant le couple dans la désobéissance. Acceptons que l'état originel de l'homme lui valut la raison de rester attacher à son Seigneur, quand il privait de raison de l'interdépendance de son entourage.

B- Dispensation de la conscience

L'homme une fois péché est animé de raison ou de conscience de pouvoir assumer ses pleines responsabilités et le créateur le chargea pour bon son rôle. A chacun de la scène d'Eden la responsabilité : d'abord prononça sur le serpent qui devint ipso facto reptile, il doit pour toujours se ramper et se nourrir de la poussière de la terre et se doit de fouler et d'écraser des pieds de la femme. Quant à l'homme trompé de sa femme de travailler rudement pour trouver de quoi à se nourrir. Cette dernière enfin se doit de payer en couche de fortes douleurs dans la mise au monde des enfants, il lui couterait même la vie dans ce phénomène. En voici une conscience qui plongea l'homme tout bonnement dans une vie minable au cout du péché introduit par Satan, comme si son caractère idiot le rendrait heureux, mais l'ange déchu convoité de son privilège le jeta au malheur pour frayer les mêmes voies.

C- Le gouvernement humain

En dépit de la montée vertigineuse et l'état du paroxysme du mal sur la terre Dieu gardait encore la création, mais un jour pensa y mettre un terme. Ainsi dit-il j'ai regret d'avoir créé l'homme, je vais le détruire sur la face de la terre. (Genèse 6 v 1). Remarquons la patience de Dieu de pouvoir contempler autant cet être créé à son image dans le mal, sa patience trop épuisée dut passer à l'action.

Après ce fait spectaculaire marquant le premier de toute l'histoire humaine, le déluge, l'homme eut raison de prendre la manche de sa vie en se dotant de sa capacité intelligible de produire, il en décida d'agir volontiers, malheureusement, il continue sa voie de perdition ne donnant pas de résultat heureux dans la gestion de la terre.

D- Dispensation de la promesse

Dans la recherche de l'homme enfoui dans le mal, Dieu allait épingler parmi les hommes un être de son choix, mais qui obéit volontiers à sa mission. Abraham fut la figure emblématique de l'histoire biblique qui put plaire au Seigneur pour marquer sa promesse de salut à toute l'humanité. Par son obéissance aveugle, Dieu jeta sur Abraham une bénédiction qui jalonne toute l'histoire qui dut servir de manche au salut de tout humain. Il confirma à cet homme la bénédiction de ses fils et de ses arrières fils suivie de celle de toute la terre. C'est pertinemment cette bénédiction qui amène Jésus sur la terre et sa mort sacrificielle pour la rançon de tout pécheur repentant.

E- Dispensation de la loi

En suivant la dispensation de la promesse, le créateur le tint envers Abraham, et Moise de son rang a conduit son peuple vers la terre de la promesse Canaan, ainsi des lois furent soumises au peuple Israël dans le désert d'Arabie. Le décalogue en fit une preuve tangible, en sortes un moyen au peuple d'agir selon la volonté du Seigneur et envers son semblable. Ainsi commença le vrai chemin du salut de l'homme vers la grâce qui devait l'amener au créateur.

F- Dispensation de la grâce

Comme je viens de le dire tantôt, Dieu chercha l'homme et de ses actions pour l'accomplissement de son plan, il atteint maintenant la grâce par laquelle il offre l'opportunité à tous de toucher le salut. Une mystérieuse démonstration par l'incarnation de son fils en être humain en vue d'accomplir l'œuvre salvatrice. C'est l'acte le plus sublime et d'amour de toute l'histoire de l'humanité, où Dieu Esprit a pris la forme humaine pour descendre dans les régions inférieures de la terre à la recherche de l'homme confus et perdu.

Non seulement, il a pris naissance dans un lieu sordide qui étonna plus d'un, mais ses œuvres par la suite ont marqué un amour inexprimable pour toujours envers toute l'humanité.

G- Dispensation du règne divin

On se rappelle de la création où régna une parfaite intimité entre Dieu et le couple Edénique, mais une rupture soudaine fut constatée au dépend du péché, depuis lors, l'homme dénaturé se cacha contre le créateur. Il a fallu un travail de longue haleine gardant tout le coup de l'histoire pour retrouver cette vie trop anciennement perdue. Ainsi, Christ dans son ministère demanda aux disciples de solliciter de son père l'établissement de son règne sur la terre.

Une terre échouée dans sa gestion par l'homme méchant et son orgueil tire de l'ange déchu ne produit que du mal, et arrive au terme de son contrat pour se substituer par Christ, où son royaume sera heureux, du fait que son ministère terrestre en donna une preuve de bonheur et de satisfaction à tous de son temps. Se souvenant du soin accordé aux malades et de la nourriture souvent partagée aux gens en pleine faim. Même les gens décédés qu'il retournait en pleine vie, tous ces exemples en attestent combien son règne sera un délice pour la terre, c'est pourquoi tous ceux qui y prendront part seront heureux pour toujours.

Chapitre XX

Pages consacrées à mon frère ainé Sémexant Jonas et sa famille

J e suis issu d'une modeste famille paysanne à la 2e section rurale de Lascahobas, notamment à Juampas, non loin du fleuve de l'Artibonite. Mes feux père et mère nous ont inculqués les huit ans quoique l'un échappé de cette vie toutes les notions morales et spirituelles qui nous tiennent encore dans la vie sous le regard du Tout-Puissant. Nous restons unis, en dépit des exigences de la vie qui nous éloignent l'un de l'autre. C'est ainsi que du nombre s'inscrit mon frère ainé Sémexant Jonas, à qui j'aimerais présenter des pages à sa juste valeur au sein de cette famille.

Nous étions les deux à pouvoir franchir ensemble le seuil de l'école en 1976, à la suite de notre séance de leçon particulière en zone rurale, à notre entrée pour cause spirituelle dans la ville, nous avons pu chercher le pain de l'instruction dans une école appelée Evangélique Baptiste. A peine intégré l'institution, il occupait la première place dans toutes les classes, et son poids intellectuel lui avançait aux examens du C.E.P en 5e AF. En 1982, il était déjà en 6e secondaire d'alors, mais à Port-au-Prince, c'est-à-dire quoique en course commune à l'école il me devançait. Une année, c'est lui accompagnait un ami et moi pour aller dans la capitale pour prise de photos servant à l'inscription au C.E.P. Bref, ces pages écrites en sa faveur témoignent mes vives gratitudes à ses bienfaits combien importants accomplis pour ma famille et moi. Pour dire vrai, nous étions les seuls à terminer nos études classiques dans la famille, et de fait, nous avions de lourdes responsabilités envers cette pauvre famille. J'ai dû le laisser pour compte dans cette mission, quand ma fiancée tombée enceinte et pour cause de croyance, j'ai dû l'épouser pour plusieurs autres raisons. Il n'a pas voulu que j'assumais si tôt les charges d'un foyer. Mais, il élevait en moi d'autres pensées, c'est ainsi que je partais quasiment seul dans cet engagement. Et, par ma foi je réussis mon mariage après vingt-six ans, Dieu merci, pourtant, je pourrais rendre l'âme à l'issu de cet incident.

Pour dire vrai, il devenait de la famille le seul à affronter tous les problèmes, mais Dieu voyant ses lourdes charges l'accordent une femme, à mon avis un joyau tombé des mains du Seigneur, celle qui l'aime et toute sa famille. Il faut dire à ce sujet que les douze ans de maladie de mon père était une juste occasion de prière pour la bénédiction de sa famille, et le dévolu s'est jeté sur Jonas vu de Dieu comme le potentiel et la tête de cette famille. Il est le seul, par sa position à accompagner les autres frères et sœurs en tout comme moi qui suis un bénéficiaire, en ce qu'il garde depuis sept ans mon premier gars chez lui, l'aidant à devenir un être formé et préparé aux Etats-Unis. Je lui dois toutes les reconnaissances et sa femme, qui même un jour ne se montrent lassés à mon enfant.

C'est pourquoi je les prépare une fête pour les décorer pour ce bienfait tant apprécié à mon enfant. Non seulement, on le donnait à manger à se tenir, à l'école, mais le surveille sur les mauvaises compagnies dans ce pays d'immoralité. Je lui dois toutes mes gratitudes en revanche à ce geste effectué à moi et tous les membres de la famille Sémexant en sont un témoignage vivant du comportement loyal de sa femme et pour qui un grand entichement est partagé.

Jonas et sa femme sont un pilier de la famille Sémexant eux qui répondent aux différents cas en Haïti. Dieu, dans son omniscience savait pertinemment le but de cette alliance. Je m'en souviens surtout de la mort de mon père en 2009, un an après le voyage de cet homme retrouvant sa femme dans la république étoilée est survenu ce cas, et il devait intervenir, ainsi il a tout fait. Quelques années après, ils ont accompagné ma feue mère à voyager aux Etats-Unis, où elle a dû effectuer deux voyages avant de rendre l'âme en Haïti en 2019. C'est quelqu'un qui s'engage à porter ses pairs infligés dans de drôles situations en Haïti et qui vit en stress au regard d'Haïti épris depuis toujours aux troubles sociaux, ce qui le plonge en fortes misères. Il anime de judicieux désirs de retirer ses proches aux bourbiers de pauvreté vécue dans ce pays. Mais, il ne peut à lui seul lever ce géant défi, souffrant de cette situation, il ne sait comment s'y prendre pour sauver sa famille dans ses peines. Il serait pour lui heureux de voir ses frères et sœurs dans une autre sphère de vie, tandis que la vie haïtienne n'inflige ses fils que dans le mal. Ainsi, il passe souvent en son esprit des projets sociaux qui enlèvent sa famille aux angoisses de la vie. A ce sujet, il n'aspire pas faire long feu à l'étranger, il persuade malgré tout à un lendemain meilleur pour Haïti comme moi qui reste optimiste à un changement à la nation haïtienne. Mais, d'opinion similaire sur une mutation de mentalité qui se doit d'orienter la société. Sous peu dit-il il compte regagner son pays avant l'accomplissement des prophéties sur la délivrance, au contraire, il espère être du nombre des investisseurs de la nouvelle Haïti.

Il accompagne déjà beaucoup aux mini activités selon ses moyens dans le pays. Il se joint à sa femme dans un mouvement de projet aux plus pauvres de l'Eglise de Dieu de la Prophétie à Lascahobas. Je comprends leur cœur épris aux souffrances de ce peuple si angoissé et qui sollicite d'aides pour sortir de sa zone dangereuse. Ils tentent déjà de fonder des organisations à l'extérieur qui volent au secours de plus pauvres du monde. Cependant, ayant trouvé ambages dans leur mission, ils volent par leurs propres ailes, en mettant leurs maigres moyens au service de la communauté

Lascahobassienne en partie.

Je leur dois ces mots en des termes dithyrambiques, comme c'est le cas de chez nous en Haïti de camper une personne dans ses obsèques, alors qu'elle ne   soit en ce moment en situation de savourer les louanges, en ce sens je les consacre ces pages qui à mon avis traduisent mes profondes gratitudes à leur vie.

Il faut dire comme avancé tantôt qu'ils restent constamment attachés à la famille et interviennent en des cas cuisants surtout qui l'exigent. Tous les membres de la famille Sémexant d'une façon ou d'une autre sont les bénéficiaires de ce couple ayant pour mission de soutenir les faibles. Encore une fois, moi en diverses occasions obtiens d'eux ce qu'il me faut pour résoudre certains problèmes. Je n'aurais en ce sens de quoi à les offrir en compensation aux bienfaits si jouis depuis longtemps.

Mon premier voyage des Etats-Unis était bien leur œuvre, car, après avoir écopé le visa, j'ai entrepris des démarches de voyage, ainsi il me venait tout juste à l'idée cette famille qui devait m'accueillir, quoique qu'un Etat aussi loin dans ce vaste pays. Et de son moment de chômage d'alors, il brulait du temps à éparpiller partout avec moi à Indianapolis un superbe Etat de la république fédérale américaine. J'ai été réjoui dans un séjour de 22 jours chez eux, ça a été satisfaisant pour moi, ce qui marque encore mon esprit aussi longtemps, quoique la perte du visa, mais je m'en souviens toujours de ces moments.

Ce qui brule fort son cœur c'est la mauvaise gestion d'Haïti qui gaspille ses ressources humaines, en voyant l'effritement des valeurs du pays vers d'autres Etats de la région. Ainsi partage-t-il souvent ses mots sur son cœur si endolori au mépris des haïtiens à l'extérieur. Je me rappelle d'une information sur le pays provenant de la France qu'il m'a partagée, où un journaliste français a entretenu au président de cette nation à l'égard de l'Etat du bicolore, et en réponse ce dernier a confirmé qu'Haïti n'est pas un pays comme on le penserait. Mon frère s'en prenait à la réalité qu'il ne s'agit pas d'une nation en gestion, c'est plutôt un simple peuple voué sur un terrain privé de maitre.

Voyons la honte sur ces approches françaises, qui, plus de deux siècles furent chassés du sol, mais ils ont affirmé pour dire vrai, que ces esclaves incultes ne feront rien aux biens laissés, d'ailleurs, dirent-ils que tout échapperait à leur contrôle. Jugeons pour pronostique de malédiction aux mots des français qui trainent une trajectoire d'histoire de troubles aux nouveaux libres, ce qu'on paie de génération en génération.

En tout cas, mon frère Jonas n'épouse que l'idée de retour au bercail, en jugeant la politique américaine de son régime capitaliste vampire qui épure la force humaine, en jetant ses vieux jours en poubelle quand l'individu n'est plus à ses 70 ans accomplis.

Une politique qui prive la liberté de l'homme qui s'engage jour et nuit au travail pour son fonctionnement au pays. Je m'en souviens à l'appui de ces approches d'un homme vécu longtemps aux Etats-Unis qui informait par le truchement des ondes que toute perte d'une activité économique d'une personne dans ce pays revêt sa destruction et elle sollicite d'un bond la mort.

Je peux pour répéter plus d'un vécu dans ce pays, que seule la mauvaise gouvernance d'Haïti oblige autant d'Haïtiens à résider autant aux Etats-Unis puisque le système ne répond pas vraiment aux immigrants.

Un moindre signe de paix permettra à mon frère de retourner définitivement en Haïti pour vivre ses vieux jours. Il confirme que seule la conjugaison de la force haïtienne sortira le pays de ses crises. Alors un retour de nombreux fils en exode à l'étranger constituera son superbe moyen de changement.

De ses croyances assidues en Dieu, il pense comme moi il y aura une issue de la crise, mais un prodige des cieux, loin d'un changement de mentalité haïtienne qui impose à la nation cette mode de vie.

C'est cette figure optimiste qui espère que le fait biblique en rapport au peuple Israël sera de même à Haïti, si ce peuple put subjuguer sous une peine accusant quatre cent ans d'existence, et Dieu enfin se souvint de lui, il parlera aussi bien pour Haïti.

Je pouvais déceler son caractère pessimiste quant à la mutation haïtienne, mais il s'inspire aujourd'hui du fait spectaculaire d'Israël en Egypte pour comprendre la prochaine action divine à l'égard de la nation haïtienne.

Il hait horriblement le mode de gestion des dirigeants haïtiens qui piétinent si longtemps le droit des fils du pays. En observant la violation de la loi par des hommes formés intellectuellement, il questionne la connaissance des haïtiens.

Pour lui, les causes premières de l'état piteux de la nation haïtienne sont la corruption des grands de l'Etat, sans un jour être punis par la loi. Il revêt pour lui une gouvernance conduite par la loi pour que le pays respire un air de vie un jour. Le gaspillage des biens publics constitue une gangrène au développement d'Haïti.

Il ne peut si longtemps vivre tant qu'il observe un peuple meurtri dans la misère au regard des hommes méchants de la politique qui le tiennent en situation si intolérable. Ainsi déchire son cœur de jour en jour au regard de la crise qui sévit davantage, sans un noyau des hommes politiques aspirant à une table ronde pour sa levée de la crise. Au point que les hypocrites blancs font semblant être médiateur quand ils profitent à l'exploitation des ressources du pays.

C'est enfin les mots de gloire présentés à mon frère ainé Jonas qui participe depuis quand à la construction de ma vie. Bien avant les propos laudatifs qui seront que farfelus à son exposé dans des bières, je présente des pages fascinantes en son honneur. Que tout ce qui fasse de ce bouquin une source de lecture trouvera de quoi au profil de cet homme qui a contribué à mon histoire. Et, pour répéter Christ à l'action de Marie qui répandu de parfum sur ses pieds partout cet acte sera marqué dans les Evangiles, de même, les actions de Jonas seront marquées.

Que Dieu daigne jeter sur sa famille et lui notamment : ses deux fils Jonaël et Jonathan Sémexant ainsi que sa jolie femme Natacha de riches grâces et de protections. Qu'ils jouissent de robustes santés en se mettant davantage au service des autres autant qu'ils respirent, car ils ne manqueront pas d'être chaleureusement reçus au concert des cieux dans les récompenses où Christ leur dira : « « J'étais malade, nu, prisonnier, seul et tu m'avais accompagné, car dira Christ, toutes les fois que vous avez fait du bien aux plus petits c'était bien à moi » » en référence à Matthieu dans ses récits exprimant les dires de Jésus à propos des gens qui ont dans le temps accompagné son peuple.

Je ne fais qu'exprimer à leur égard mes reconnaissances sans pour autant les camper pour Dieu qui lui seul mérite gloire et honneur, mais, il serait très ingrat à moi sans mentionner celui qui reste pour ma vie une figure de marque dont cette famille à qui je traduis toutes mes gratitudes.

Je voudrais enfin présenter par des vers les tendres expressions de mon cœur envers Dieu qui demeure pour moi la source de vie et qui me protège encore, quoique sujet de nombreux accidents si tôt à mon existence, il intervient magistralement pour m'échapper de leurs assauts.

Pages de poèmes

Ces pages de poèmes expriment de façon poétique mes gratitudes envers Dieu qui était mon soutien au moment des différents faits produits contre ma vie.

Etre Suprême Je ne
dispose à lui que mon

cœur,

Ouvrant toute ma vie
au

Dieu est un être suprême, Seigneur.

Que pour toujours j'aime, Chantant sa

gloire pour ses

Il manifeste envers
moi son amour,

Et l'exprime à
chacun pour
toujours

Qui de son audace
peut le contester

En voyant sa grâce
et sa bonté.

Il n'est que pour
moi un responsable
père,

Me supportant
encore dans ma
misère.

Ces vers traduisent
mes témoignages,

Au   travers
des
heures
sombres et des
nuages.

Il   intervient
pour   me
secourir,

M'empêchant
à
chaque
instant de mourir.

Que puis-je l'offrir
enfin,

Pour témoigner tous ses biens ?

bienfaits,

En signe de gratitude à ses hauts-faits

Je veux demeurer à ses

pieds,

Pour atteindre enfin mon lieu préparé.

L'amour de Dieu

C'est de Dieu que vient

l'amour,

Un témoignage de chaque jour.

Au regard du lever du soleil, En réveillant d'un épais sommeil.

Privant de sens et de lucidité

Ignorant de la nuit tout ce qui s'est passé.

David le dit dans ses écrits bien

Ce qui ne conteste en rien

Qu'il renouvelle à tous ses compassions,

Chaque matin à l'homme sa protection. Il est le Dieu de tous,

Ne mesurant pas son amour à un groupe.

Qu'on le serve ou pas,

Il n'est quiet de tout ça.

Mais dispose son
amour à chacun,

Il n'apparait que le
même refrain.

Son amour si
sublime,

Se manifeste par
son amour en
crime.

Lui, un jour s'est
pendu en croix,

Par des gens privés
de foi et

loi

Cet amour appelle
tout le monde,

De toutes couches
de toutes ondes. Il
dispose tous le
salut,

Sous le péché qui
s'est tût.

Son amour
presqu'à son terme,

Sa prolongation
n'est pas vaine.

Mais un temps à
tous de repentance.

Pour prononcer ses
jours de
vengeance.

Il en demande à
chacun d'y

profiter,

Pour faire outre
des

tourments préparés

Mes accidents

Je veux exprimer
par ces vers,

Les accidents qui
pourraient me taire.

C'est en sortes
toute ma vie
exposée

Depuis mon
enfance en danger

J'ignore pour moi
leur but,

Seul le Très-haut
l'avait connu

Combien   frappé
        d'um

nombre de sept,

Mais ne tombe pas
sous leur gâchette.

Seul Dieu était à
mon
secours,

Qui prouve envers
moi son amour.

Parce que je serais
au tombeau,

Ou frappé d'un
corps en lambeau.

Il ne reste sur moi
aucunes traces

Qui justifient des
effets néfastes.

Le   seul   parmi
        les
accidentés, Qui

peut lui-même

exprimer,

Ses   tragiques
        moments
subis,

Qui auraient couté

de prix. Il reste

encore bien vivant,

Mais à christ pour

vaillant.

Lequel intervient en
grande action,

Pour dévier le plan
de sa
condamnation.

Je   ne   garde
        pour   lui
honneur,

Ce   maitre
        le   grand
rédempteur.

Qui me permet
encore de
vivre,

Je me consacre
toujours à le suivre.

Un homme comme
moi si
accidenté, Ne

pourrait encore

respirer.

Un grand merci au
Seigneur.

personne n'était à
mon insu un
protecteur immédiat

Conclusion

A lumière de tout ce que je viens largement de présenter dans ce sujet, je n'en conclus que par ces mots: **««Un Dieu qui n'existe que pour moi»» Car,** que lui au moment de mes dangereux accidents. Récidivé autant dans ces faits, je serais à l'issu de leur assaut un homme endommagé physique ou mental, pourtant, je ne garde en moi, rien de drôle palpable pour traces de ces farouches évènements.

Je reste pour Dieu un envoyé un disponible à son vaste champ. Car, je comprends enfin la noble et juste cause de ma respiration encore absout par ces cas de mort. C'est pourquoi j'encourage tout le monde à faire du sauveur son maitre et son protecteur. Comme mentionné à l'introduction, beaucoup de gens persuadent aux prières magiques quand ils se mettent en chemin, pourtant, le malheur étant venu ne peuvent y échapper. Cela explique clairement que les autres forces vitales sont faillibles, seule la force divine est redoutable au danger.

Il se doit à chacun selon toutes mes expériences de conseiller à tous de faire du Seigneur leur unique protecteur. Si, j'en suis moi Abel encore à l'existence c'est qu'il demeure pour bon des cieux un être suprême qui surveille strictement les humains. Force d'admettre que son amour soit impartial, c'est-à-dire spécifiquement à ses pairs, mais tout le monde en est bénéficiaire qui est l'éclat des rayons du soleil de chaque matin.

Bibliographie

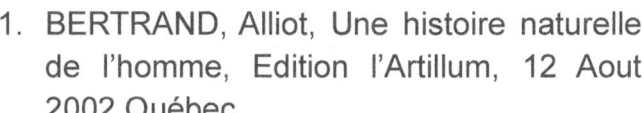

1. BERTRAND, Alliot, Une histoire naturelle de l'homme, Edition l'Artillum, 12 Aout 2002 Québec

2. BESANCON, Julien (Docteur) Les jours de l'homme, Editions Terres Latines, Paris, 1940

3. CYRIL, Dion, A l'Orée du danger, Paris 2 mars 2022

4. EGLISE DE DIEU UNIE, l'homme à l'image de Dieu, le 17 Février 2011

5. FANFAN, La Tulipe, Haïti Liberté 16 Janvier 2019

6. JEAN, Chrétien, Fragilité, les Editions de minuit 7, rue Bernard Palissy 75006 Paris

7. LHERMITE, Samuel, les Sept dispensations, Québec 2005

8. MENARD, Bula-Bula Izokuma, Les turpitudes d'une vie, Le Harmattan Congo-Brazzaville 2009

9. PIERRE, Maladin, L'homme au centre du monde, Bibliothèque nationale de France 2014

10. TISSIER, Christophe, Les crises d'angoisses et de panique, Paris 7 Octobre 2020